Comunicação & Direito

0358

Coleção
Direito & Arte

Organizadores
Leonel Severo Rocha
Germano Schwartz

Conselho Editorial
Wilson Steinmetz
Luis Alberto Warat
Juliana Neuschwander Magalhães
Marcelo Galuppo
Ricardo Aronne
Alexandre Morais da Rosa

Conselho Consultivo
Paulo Ferreira da Cunha
Carlos Lista
Albert Noguera
Juan Antonio García-Amado

C972c Cunha, Paulo Ferreira da Cunha

Comunicação & direito: simiótica, literatura e norma /
Paulo Ferreira da Cunha – Porto Algre: Livraria do Advogado Editora, 2008.

115p.; 21 cm — (Direito & Arte: 1)

ISBN 978-85-7348-531-8

1. Direito. 2. Literatura. 3. Teoria do Direito.
I. Título.

CDU - 342

Índices para o catálogo sistemático:

Direito
Literatura
Teoria do Direito

Coleção
Direito & Arte – 1

PAULO FERREIRA DA CUNHA

Comunicação & Direito
Semiótica, Literatura e Norma

livraria
DO ADVOGADO
editora

Porto Alegre, 2008

© Paulo Ferreira da Cunha, 2008

Capa, projeto gráfico e diagramação
Livraria do Advogado Editora

Revisão
Betina Denardin Szabo

Direitos desta edição reservados por
Livraria do Advogado Editora Ltda.
Rua Riachuelo, 1338
90010-273 Porto Alegre RS
Fone/fax: 0800-51-7522
editora@livrariadoadvogado.com.br
www.doadvogado.com.br

Impresso no Brasil / Printed in Brazil

Apresentação da Coleção Direito & Arte

Há muito tempo Warat alertava para a necessidade da recuperação do sagrado no Direito. Como assim? De que forma o querido professor pensaria que a ciência jurídica pudesse, em algum momento, ter sido colocada em um "altar" sacro? Questionamo-nos por várias horas o significado dessa afirmação. Em nossas mentes inquietas soou como provocação, como um convite ao novo, algo que é difícil para a maioria dos juristas brasileiros, mas é absolutamente trivial para o autor portenho (ou brasileiro?).

Pois bem. Uma idéia nova demora em ser assimilada. Foi o que ocorreu. Após andanças, leituras e contatos, percebemos, com demora, aquilo que o Fausto de Goethe anunciava: *"não me interessa mais do Direito a ciência"*. De fato, ligados que somos à análise crítica do que se convencionou chamar Direito, fomos impelidos a tomar um rumo outrora esmaecido e agora, ao menos para nós e para os autores da série, claro.

O fracasso do positivismo jurídico em descrever o Direito tal como ele é e a constatação evidente de que o tecnicismo relegou o ser humano a uma posição secundária no procedimento judicial fez com que buscássemos novas alternativas para o entendimento do que é sagrado no Direito. De certa forma, estamos na linha das pichações encontradas em Paris durante o Maio de 68: *"sejamos realistas, peçamos o impossível"*. É este o desejo da "Direito & Arte".

Aí está, portanto, o que pensamos ser a essência da resposta ao questionamento do Warat. De alguma forma deve ser superado o desencanto do Direito. E ele está presente, sejamos sinceros, desde o ensino jurídico até a sua prática, em qualquer um dos momentos de sua operação e/ou interação. E, mais, o incauto ingênuo que navega nesses mares logo aprende que não se navega contra a maré. Deixa-se levar por ela.

Mas, qual o motivo de isso ocorrer? Uma das possibilidades é o tecnicismo, o esquecimento de que o ser humano é "sagrado" porque é humano. Nada mais. Mas esse ensinamento iluminista, por alguma razão, se perdeu para o Direito. Mais valem processos resolvidos, matéria "passada" em aula, números em grades de juízes e promotores do que o raciocínio e a percepção do belo em nossa ciência. Escondido atrás de autos e codinomes (autor, réu, nubente, nu-proprietário...) o homem assume um personagem, um número, uma etapa a ser vencida.

Será que o texto duro, aquele que necessita de significação, tem o condão de se tornar verdade absoluta e se demonstrar pronto e acabado para o ser humano sem que ele possa discutir, ou ao menos, interpretar e (re)descobrir seu sentido a partir das várias posições possíveis e das inúmeras incertezas típicas da condição humana? Pode o Direito renegar esse aspecto de sua inserção social? Quem pode ajudá-lo a retornar ao seu mito original do justo e da beleza?

Nossa proposta é que a Arte pode cumprir esse papel. A Arte é, por natureza, uma expressão do sentimento humano e da vazão da magia da vida (ou do materalismo mágico, como quer Warat). Também é contestadora. Não resta conformada com o *status quo*. Ademais, é antecipatória, possuindo como uma de suas grandes funções, de forma anterior, demonstrar tendências e possibilidades futuras.

É, precisamente, na hipótese da Arte como antecipação de futuro que reside uma das grandes virtudes da análise do Direito com base nos segmentos artísticos. Se o sistema jurídico, como diz Luhmann, busca antecipação – e não mera descrição, há que conseguir elementos suficientes para esse desiderato. Nesse sentido, por exemplo, já na década de 70 do século passado os meios de divulgação da Arte já falavam em pós-modernismo, expressão que, até hoje, é novidade no meio jurídico. Note-se que as características pós-modernas (fragmentariedade, ausência de hierarquia e risco – entre outras –) são, e isso não é acaso, as mesmas que a ciência jurídica hodierna começa a se ocupar.

Por isso mesmo os Estados Unidos já desenvolveu uma escola de pensamento denominada *Law and Literature Movement*, cujo objeto, como se denota, é o estudo das conexões entre Literatura e Direito. Os espanhóis, por seu turno, por intermédio da Casa Editorial Tirant lo Blanch, estão imbuídos na ligação entre Cinema e Direito. Até mesmo pinturas já foram objeto de pesquisas jurídica em Portugal. No Brasil, novamente, Warat é o líder da proposta com seu grupo de pesquisa Direito e Arte.

Nesse sentido, justamente para ser um veículo de expressão desse ideal de (re)construção do Direito pela Arte (e vice-versa) é que a presente coleção, singelamente intitulada Direito & Arte, foi proposta à prestigiosa Livraria do Advogado Editora, que, na pessoa do progressista Walter Abel, desde o primeiro momento concordou e viabilizou sua editoração.

Por fim, deixamos (re)apresentados nossos propósitos de que o Direito não é algo estanque e imutável, mas sim ciência viva e de vários corpos. Com isso, não existe verdade posta ou interpretação única. Mais, o Direito necessita do homem tanto quanto este depende daquele. Para os que se coadunam com essas idéias e com a linha editorial apresentada convidamos tanto à leitura das obras lançadas quanto ao envio de textos para eventual publicação.

Rio Grande do Sul, Verão de 2008.

Leonel Severo Rocha

Germano Schwartz

"(...) Eu tô te explicando pra te confundir
Tô te confundindo pra te esclarecer
Tô iluminado pra poder cegar
Tô ficando cego pra poder guiar (...)"

Tom Zé / Elton Medeiros – *Tô*

Sumário

Apresentação 13
1. Linguagem e normas 15
  1.1. Linguagem e natureza humana 15
  1.2. Comunicação, consenso e direito 17
  1.3. Direito à palavra, língua e cultura 19
  1.4. Linguagem e política 22
  1.5. Linguagem das normas de trato social 24
  1.6. Códigos da moda e *status* social 31
  1.7. Falar com os bichos e direitos dos animais 33
  1.8. Direito à língua. Idiomaterno 35
  1.9. Literatura: testemunho, reconstrução, normatividade? 38
  1.10. Narrativa da burocracia & direito do consumidor 40
  1.11. Censura e massificação 43
  1.12. Comunicação social e dignidade 45
  1.13. Arte e política 47
  1.14. Elogio de Harry Potter 50
  1.15. Interculturalidade(s) 52
  1.16. Congressos & comunicação 54
  1.17. Psicologia do articulista 57
  1.18. Arte, indústria e comunicação 59
  1.19. Quem tem medo do papel branco? 61
  1.20. Poesia e direito 63

2. Do rito à literatura em direito 67
  2.1. Rito, direito e poder 67
    2.1.1. Dos ritos 67
    2.1.2. Ritos jurídicos e afins arcaicos 68
    2.1.3. Rito, etiqueta e corte 70
  2.2. Rito e processo penal 71
    2.2.1. Memória e mito em processo penal 71
    2.2.2. Processo penal e ritualizações 72
    2.2.3. A contemporaneidade entre rito, ritualismo e dissolução 75
  2.3. Magia, direito e processo penal 76

2.3.1. Demiurgia e bruxaria 76

2.3.2. Do rito à narrativa. processo penal como literatura 78

3. Direito e normatividades na literatura tradicional indiana 81

3.1. Introdução 81

3.2. Propriedade e trabalho 86

3.3. Política e justiça 94

3.4. Educação 107

Bibliografia citada 113

Apresentação

Foi com o maior prazer e entusiasmo que acedemos ao muitíssimo honroso convite do Director da colecção de "Direito e Arte", Prof. Dr. Germano Schwarz, para integrar com um livro nosso.

Ele aqui está: trata-se de um conjunto de estudos de índole sobretudo ensaística, unidos por uma preocupação de diálogo entre Direito e Arte, quer em geral, quer mais especificamente no plano literário. Embora numa perspectiva mais interdisciplinar ainda.

Não se estará, certamente, em sentido rigoroso, perante um livro de "Direito e Literatura" (ou sequer "Direito & Literatura" ou *com* Literatura", como justamente pretende o Prof. Dr. José Calvo González, da Universidade de Málaga). A abordagem que aqui empreendemos é múltipla. Não curando, como é óbvio, da problemática estética, o que de mais saliente nos restou no campo literário acabaria por ser o comunicacional: vizinho, pois, do semiótico. E será pela perspectiva lata e informalmente semiótica, em muitos casos escrita na primeira pessoa e na maré dos dias (como, aliás, mal comparando, ocorreu com nomes grandes como Barthes, e hoje Umberto Eco), num estilo entre o ensaio e a crónica, que começamos este volume: re-pensando e des-construindo alguns mitos quotidianos com relevância jurídica. E espraindo-nos pelas questões de cultura, linguagem, com exemplos de poesia, cinema, etc.

A segunda parte analisa mitos e rituais no Direito, embrenha-se no processo, e sobretudo no Processo Penal, para chegar ao Direito como Literatura, e especificamente como ficção.

Finalmente, desejámos empreender como que um recuo a uma narratividade tradicional e mítica: e fomos à literatura sapiencial indiana, em que recuperamos ideias de propriedade, trabalho, educação e justiça. Todo um outro discurso, contrastante, em grande medida, com as narrativas da (pós-?) modernidade jurídica.

Fazemos votos para que estes trabalhos possam frutificar. Apesar de alguns, sobranceiramente, ainda consideram tudo o que não é estritamente dogmático como "perfumaria jurídica" (no rico dizer do Prof. Dr. Torquato de Castro, Jr., da Universidade Federal de Pernambuco). Sejam os que nestes se inspirarem realmente aroma agradável e, ao um tempo, fragrância de *essências*. Estamos convictos de que, afinal, essa "perfumaria" pode ter uma conotação positiva.

Este livro retoma, corrige, desenvolve e actualiza textos em "O Primeiro de Janeiro" e "Justiça e Cidadania" (I Parte), uma conferência na Universidade do Minho, em homenagem ao Prof. Dr. Jorge de Figueiredo Dias (II parte), e uma conferência na Faculdade de Educação da USP – Universidade de São Paulo (III parte). A todos os directores, editores, organizadores e afins, o nosso agradecimento. Sendo de lembrar, sem menoscabo e também como que "em simbólica representação" dos demais, os nomes da Sra. Dra. Nassalete Miranda, do Prof. Dr. Mário Monte e do Prof. Dr. Jean Lauand.

1. Linguagem e normas

1.2. LINGUAGEM E NATUREZA HUMANA

Somos ainda do tempo em que a Escola se sentia na obrigação de fazer uma distinção simples entre homens e animais. Nós seríamos animais racionais, antes de tudo porque dotados de oponibilidade do polegar, andar erecto, diminuição progressiva dos maxilares e aumento da massa craniana, e – mais que tudo – distinguir-nos-íamos dos nossos amigos animais por sermos capazes de falar.

Somos então animais falantes. Mas não falantes como o papagaio, que recita frases sem propósito. Falar era, para esta teoria corrente da hominização, o culminar de um processo em crescendo, porque falar quer dizer comunicar, encerrar ideias em discurso, pensar pelo discurso. Se o andar erecto permite a libertação das mãos, e a oponibilidade do polegar é a grande promessa da técnica, e tudo isso faz encolher os queixos e aumentar o crânio, falar permite pensar mesmo. Ou é, pelo menos, uma metáfora do pensar.

Entretanto, estudos mais apurados e ideologias subtis puseram em crise estas nossas certezas cómodas, e esse super-conceito (hoje se dirá "paradigma") da própria existência de uma forma ou essência própria dos homens, a "natureza humana", foi sendo muito posto em causa. Sobretudo se pensarmos numa natureza axiologicamente conformada, uma natureza de algum modo pressuposta como "boa" e, assim, indicadora de sentidos de vida, normativa.

O natural humano foi durante muito tempo (e ainda o é para alguns) uma coisa boa. Daí o falar-se em humanidade, humanitário, e até em alguns significados da palavra "humanismo". Mas o espectáculo das barbáries de que é capaz o homem, elaborado e repensado pela filosofia moderna e por algumas ciências sociais (desde logo a antropologia) abalaram essas certezas...

Portanto, dizer que o Homem é um animal que fala poderá já nem sequer recolher unanimidade de sufrágios entre filósofos, linguístas, antropólogos e outros especialistas que com o tema lidam. Menos consensual ainda é a identificação do Homem com uma essência humanitária.

Mas, independentemente de falar ou não falar ser traço distintivo da humanidade no foro filosófico e científico, creio que falar ou não falar é, pelo menos, distintivo de civilização. Se quiserem que haja homem mudo ou grunhindo, conceda-se, talvez, a contra-gosto. Mas só haverá homem civilizado se falar.

E falar não é só articular palavras e construir frases. É fazê-lo com sentido, fazer desse falar a ferramenta do próprio cogitar. Porque se pensa com palavras, ainda que se possa pensar com imagens... Mas as palavras são, normalmente, mais subtis, e o arco-íris de matizes das palavras permite pensar melhor.

De forma idêntica, mesmo que se não defenda um essencialismo da bondade do Homem em si, a verdade é que é em altos valores, em objectivos nobres, que o bicho-homem ganha os galões da sua diferença face à simples animalidade. E se, como dizia Pascal, não é *nem anjo nem animal*, é essa coisa de intermédio que faz a sua grandeza própria. Muitas vezes uma grandeza trágica, mas ainda grandeza.

Mesmo para o grande empreendimento dos grandes valores humanos falar e comunicar é essencial. Konrad Lorenz, prémio Nobel da Medicina e grande especialista da Etologia, colocou em dúvida que a linguagem significativa fosse um dado adquirido e irreversível. E o sociólogo do direito Niklas Luhmann escreveu um elegante e profundo livro sobre como a comunicação é, afinal, algo de improvável.

Perante tais testemunhos, maravilhamo-nos perante o milagre de, todos os dias, entenderem os nossos "bons dias" e no-los retribuírem. Mas a esse espanto sucede uma reflexão mais amarga: se em vez de "bom dia" disséssemos uma frase equivalente, como "que o sol brilhe para ti todas as manhãs"?

Será que quem dissesse isto pela primeira vez seria entendido pelos ensonados colegas de trabalho ao entrar no emprego, e habituados ao reflexo condicionado do consabido "bom dia"?

Luhmann e Lorenz não serão os únicos a darem-nos motivos para duvidar sobre qual seria a reacção...

Seja como for, "muito bom dia!"...

Pode parecer que a questão da "natureza humana" e concomitantemente da linguagem não são problemas importantes para os juristas. A verdade é que o são. Da existência ou não da primeira depende, em boa medida, a questão da existência e do próprio modo de ser de um Direito Natural. E com linguagem se constrói todo o Direito. Ele é uma questão de palavras... e das suas ideias.

1.2. COMUNICAÇÃO, CONSENSO E DIREITO

Tem de haver coisas consensuais. Em qualquer regime político e sistema de governo é imprescindível que as pessoas "se entendam". Este *entender-se* tem dois sentidos, dependentes um do outro.

O primeiro sentido do *entender-se* é o encontrarem os cidadãos um mínimo de pontos em comum, uma base sobre a qual possam construir em conjunto. A democracia representativa, por exemplo, propicia um acordo fundamental nas nossas sociedades: *grosso modo*, um acordo de aceitação da escolha por voto dos governantes e dos representantes que os vigiam. A deliberação sobre a política é feita, assim, de forma electiva e por delegação.

Chegar a um alargado consenso sobre este ponto de vida colectiva não foi fácil, historicamente. E a ignorância de alguns sobre como as coisas poderiam ser diferentes, sendo chocante, acabará, para os optimistas, por constituir um desses exemplos de um relativo (só muito relativo) progresso das mentalidades medianas. Resta saber o que tais mentalidades, educadas na democracia e sem horizonte teórico de alternativas, poderão vir a pensar quando de algumas delas vierem a tomar conhecimento, designadamente das anti-democráticas. Serão tidas por exóticas e /ou sedutoras? Sem consciência cívica, sem educação cultural, o cidadão ingénuo acaba por ser muito vulnerável aos cantos de sereia anti-democráticos e populistas. "Naturalidade democrática" e novo cidadão" bom selvagem" são um mitos perigosos.

O consenso só é possível ou pela aludida passividade da ignorância (com os aflorados riscos de claudicar à primeira contrariedade que se venha a enfrentar) ou após deliberação, luz saída de racional discussão. E aí temos o outro sentido para o *entender-se*.

Pode parecer paradoxal, mas sem que as pessoas *se entendam*, não poderão jamais *entender-se*.

Sem algum consenso prévio, nem as próprias divergências são sequer verdadeiramente inteligíveis, à falta de pano de fundo em que sobressaiam.

Mais: podem agitar-se fantasmas de divergências por falta de entendimento sobre as bases da discussão, ou até do sentido das palavras. E assim o *entender-se* já não tem a ver com raciocinado e querido consenso, transigência, negociação. Mas com algo radical e básico: será que estamos a falar da mesma coisa? Será que estaremos a falar a mesma língua?

Por isso é que numa democracia, que tanto necessita de entendimentos e entendimento, antes mesmo de se procurarem os consensos é necessário cultivar linguagens comuns. Uma linguagem comum. *Hoc opus hic labor est.* Aí é que a porca torce o rabo. Porque a nossa democracia, tendo esquecido os imperativos formativos republicanos, e adoptado antes (e nem sabemos se conscientemente) uma visão *hiper-liberalista* (digo assim, porque, apesar dos aproveitamentos contemporâneos, prezo muito o termo "liberal" na sua pureza), tem esquecido o *dever de formar*. Independentemente de boas intenções e alguns esforços, a verdade é que, hoje, nem as famílias podem nem querem, nem as escolas querem nem podem *educar* (não digo *instruir*) os cidadãos. Fiquemos por aqui, neste ponto, que são contos largos...

E quando não há possibilidades de uma *Educação* comum, o abismo entre as linguagens cava-se dia após dia. Não só entre linguagens geracionais, de círculos sociais (para não falar nas técnicas, profissionais, especializadas). Mas no próprio

Português padrão. Alguma comunicação social (aí incluída a mais áudio-visual e internáutica) começa já apresentar sintomas de mau português, e a ostentar, além disso (com isso), más interpretações: deficientes (não já sequer facciosas, ao que creio), interpretações que levam ao leitor imaginar realidades diversas do que ocorreu... E esta disfunção começa a atingir também trabalhos académicos.

É que a linguagem não é inócua. E do mesmo modo que sem instrumento musical à altura de um génio se não pode produzir obra genial, assim também sem meios de expressão, sem conceitos e sem palavras apropriados, expressivos, e sem a argamassa sintáctica que faça as devidas ligações, não se podem comunicar ideias com propriedade e, menos ainda, com profundidade, beleza ou grandeza.

A expressão corrente do nosso Português anda ao nível do xilofone. Herdeiros e portadores de uma Língua que dava para as portentosas gradações de um órgão de catedral barroca e para o violino nervoso de um Paganini, entendemo-nos pouco mais que mimicamente. E mesmo assim, podemos enganar-nos no sentido de alguns gestos.

O gesto não é tudo. E o silêncio só é de oiro em algumas circunstâncias. Entendamo-nos, a falar.

O Direito baseia-se sobre bases comuns comunicativas, e ele próprio surge de um consenso social e políticos sobre matérias que devem ser um mínimo denominador comum em que a mutação social e política não deve interferir a todo o momento. Sem bases de comunicação significativa, e sem um acordo das forças políticas a propósito do núcleo de regularidades sociais em que convém não andar sempre a alterar as regras (o Direito), dificilmente uma sociedade não cairá na anomia.

1.3. DIREITO À PALAVRA, LÍNGUA E CULTURA

Não estamos a ter direito à palavra, desde logo porque cada vez mais vastas camadas de cidadãos não foram ensinados a falar, a ler, a usar a palavra: em casa ou na escola.

A clamorosa falta de vocabulário de hoje asfixia a capacidade de pensar. Sem palavras para distinguir, sem palavras para tornar as coisas coloridas, pensa-se a preto-e-branco. Pensa-se mal, de forma dicotómica, maniqueia, rasteira, bárbara.

Um discurso mais elevado, um pouquinho mais cuidado e inteligente que o coloquial e o do calão, é logo interpretado como pedante e é, realmente, ininteligível para muitos. Quem não se lembra de que o discurso de alguns políticos, ainda recentemente na ribalta, era tão injustamente apelidado de complicado? Quando simplesmente se tratava de um discurso não populista...

O populismo joga por vezes no discurso passional, inflamado, simplista. E por isso tem todo o interesse em que o público seja inculto e incapaz de distinguir subtilezas. Pode até, aqui e ali, dizer coisas complicadas. Porém, no contexto, tal pesa apenas pela sonoridade. O público, embalado, comenta: "Não entendi nada do que disse; mas falou muito bem. Que inteligência!"... Em contrapartida, não faz o mínimo esforço para entender uma palavra que não conste do seu dicionário particular, quando alguém sério a pronuncia.

A falta de um ensino do Português que dote todos de um verdadeiro conhecimento da Língua-Mãe não é uma reivindicação de luxo. É o clamor por um produto de primeira necessidade. Não é a promover a leitura de textinhos de quinta categoria que se ensina o bom Português. É pelos grandes exemplos da nossa Literatura. O que nada tem de nacionalismo: tudo aconselha que, como noutros Países, se ensine também Literatura alheia nas disciplinas de Português, devidamente traduzida. A propósito, muitas das nossas traduções correntes estão cheias de erros de aprendiz. E frequentemente não por desconhecimento das línguas-fonte, mas da nossa própria.

O Português não pode estar desacompanhado. As recentes más notícias para a Filosofia, neste mesmo jornal denunciadas por um lúcido artigo do Dr. Rui Pedroto, não são motivos para optimismo. Depois de eliminada a necessidade da Filosofia para aceder à Universidade, o passo seguinte só poderia ser a erradicação da Filosofia do próprio ensino secundário, sonho de há muito dos tecnocratas.

Sem conhecimento filosófico, sem História, sem Cultura, de pouco adianta a aridez da gramática (contudo importantíssima: desde logo como auxílio à aprendizagem das línguas estrangeiras).

Só saberemos realmente falar e dialogar se soubermos interpretar. E só saberemos interpretar se conhecermos os contextos, os referenciais dos outros.

Uma ideia só encontra eco no nosso espírito se encontrar aí algo de afim. Essas amarras culturais que permitem progredir no saber estão hoje lassas, desertificadas. A Cultura pouco eco encontra nos jovens. Dar hoje uma aula universitária de matéria não simplesmente técnica e meramente apta a decorar, sem pressupor conhecimentos prévios, pré-universitários, é uma aventura perigosa.

Deixou de haver um consenso sobre o que todos deveríamos saber. Se se evoca uma fábula, se se ilustra com um filme, se se cita um livro, se se recorda uma música que não esteja no *top* da semana, pode estar-se certo de que para uma boa parte do auditório essa referência nada diz. A causa foi o estilhaçamento dos cânones culturais, e desde logo literários, no ensino básico e secundário.

Durante séculos, as fábulas, os contos infantis, os clássicos greco-romanos, a Bíblia e mais alguns livros de cada cultura e da cultura universal eram uma base comum para exemplificar, para, sobre eles, solidificar conhecimentos novos. Hoje, essa cultura de base desapareceu.

Poderia ser essa, ou outra. Mas terá que haver alguma, com difusão universal, se nos quisermos entender. Ainda que se torne obrigatória a telenovela...

A falta de treino na leitura e nas suas subtilezas leva também a um grande empobrecimento das vivências comunicativas. A ironia, o sarcasmo, a ambiguidade e tantos outros momentos de *claro-escuro* da linguagem estão a tornar-se tragicamente opacos para as jovens gerações. Levam tudo a sério e com o mesmo peso. A falta de humor é dos piores déficits culturais de um povo. Estamos a perder o humor, e a perder o humor na Cultura, o que é um sinal de alarme.

Essa falta de capacidade de distinguir já tem levado a absurdos conflitos e mesmo a processos judiciais. Não compreendendo os limites da verbalização da violência e as boas maneiras da agressão simbólica, tudo passará a acabar em tribunal.

E se nos tribunais não houver também juristas capazes de traduzir e interpretar?

1.4. LINGUAGEM E POLÍTICA

Há um Português-padrão, e cada vez mais há ideolectos e sociolectos, próprios de grupos.

O Português de um marinheiro ou de um pescador não é igual ao de um mecânico de automóveis ou de um futebolista. As suas especialidades dão cor e sabor à língua. Cada um dos profissionais fala com metáforas da respectiva actividade. A língua portuguesa geral – sublinhou-o Jaime Cortesão – está cheia de metáforas marítimas: ir na esteira, de vela, de vento em popa, a pique, de vela virada, de marcha à ré, ou a todo o pano são só algumas. Metáforas informáticas tomarão progressivamente conta do léxico mais culto: corta e cola é *copy paste*, guardar é "salvar" (*save*), apagar é *deletar* (*delete*). Mas do léxico informático se passa já para o geral. E quando estou em Porto Alegre, no Brasil, já eu mesmo brinco, dizendo que, sendo eu natural e residente no Porto (cidade que me está nas veias e na alma), ao passar para um Porto *Alegre* estou a fazer um *upgrade*. Aqui interiorizei a linguagem informática, que fala inglês, claro.

O cuidado com a língua é mais importante do que possa parecer. Não se trata apenas de uma questão de vernaculidade, de purismo, e muito menos de preservação de uma distinção social. Aí, há teorias sociolinguísticas nem sempre completas. Se é verdade que em círculos sociais menos favorecidos se tende, pela lei do menor esforço, a simplificar a língua, abastardando-a num *patois* sem flexões e excepções, também é certo que conheci gente de poucas letras, nascida em ambientes rurais, que, por exemplo, usava vocativo de "vós" e verbo em perfeita concordância. Coisa que muitos *snobs* citadinos não fazem, e menos ainda os seus filhos. Talvez seja uma certa forma de cidade e vida urbana que gera essa descaracterização linguística que resulta, no limite, no calão. Embora haja fenómenos de *rap* e *hip hop* a re-poetizar a música. Complexo.

Não me preocupa excessivamente a competência linguística, nem como índice de escolaridade ou seu sucesso, nem, menos ainda, de estratificação social. Lembro-me sempre do *Pigmaleão*, de Bernard Shaw, e do clássico filme *My fair lady*, nele baseado, como uma crítica decisiva ao pedantismo linguístico. E também ao modismo filosófico, porquanto o apesar de tudo crítico Prof. Henry Higgins não deixaria de recomendar o meio-vagabundo Mr. Doolittle (significativo nome) como o mais original filósofo moral do seu tempo. Na verdade, não proclamava ele um hedonismo e direito à preguiça de forma prática, sendo assim mais consequente que muitos matutos?

O que me preocupa está, realmente, no cruzamento entre linguagem e filosofia, mas em termos muito práticos e muito chãos. É que, ao contrário do que pensava o diplomático Talleyrand, a palavra não foi *dada ao homem para ocultar a ideia*. Pelo contrário. E quando a palavra não é o mais clara que pode ser, pese a sua inafastável substância metafórica, a visão do Mundo, a comunicação, a dinâmica social, e a vida das pessoas é pior.

Alguns mal entendidos resultam, por exemplo, da diferença de usos. Um exemplo apenas, entre o Português no Brasil e em Portugal: Se eu digo que trato desse assunto *logo*, em Portugal, posso tratar dele *mais tarde*. Se o faço no Brasil, isso tem de ser "na hora", nesse mesmo momento.

O problema agrava-se com conceitos sociais e políticos. Um dia, a propósito do conceito de *liberalismo*, argumentei com um amigo farmacologista, que, (in)felizmente, não há para as ideologias e seus componentes uma tabela universal nem fórmulas químicas. A *paranilfenilenediamina* (escrevo bem?) pode ser um composto com direito a um dos maiores nomes da Língua, mas sempre será formada por aquilo a que tem direito, pela natureza das coisas. Sem os seus componentes naquela proporção certa, ela não seria ela.

Ora, no caso das Ciências Sociais, das Humanidades, das Artes, etc., raramente há conceitos tão determinados, sem lugar a interpretações e polissemias. É a força e a fraqueza dos saberes ditos "não duros".

Vem isso a propósito de algo de que falaremos noutra ocasião com mais pormenor: a adjectivação e a *companhia* lexical da nossa *democracia*. Nos últimos tempos, falou-se em "democracia de / com qualidade" (o Senhor Presidente da República) e em "ditadura da democracia" (um dirigente do grupo pró-salazarista MNTIR).

A qualidade fica bem à democracia. Mas não é bom sinal que se tenha de chamar a atenção para isso. Já argumentar com a "ditadura da democracia" é um falácia típica de quem certamente gostaria de uma ditadura, *sem mais*.

1.5. LINGUAGEM DAS NORMAS DE TRATO SOCIAL

Hoje é preciso fazer perguntas radicais. Se tudo muda, devemos pôr em causa os fundamentos das nossas convicções. E se pensarmos bem e com dados suficientes e seguros, sempre ficamos a ganhar. Porque ou reforçamos as crenças que tínhamos, o que é sempre tranquilizador e dá uma saborosa sensação de vitória de quem sempre teve razão, ou se, pelo contrário, depois de inventário e inquérito rigorosos, concluirmos que estávamos errados, também não será nada mau. Porque, apesar da crise do ter de mudar, tivemos a coragem de enfrentar teias de aranha e fantasmas, e vencêmo-los, por uma verdade superior. É sempre bom, pois, examinar as convicções, e fazê-lo com seriedade e profundidade.

Tão legítimo é permanecer como mudar. Desde que correspondam a sinceros movimentos do espírito de cada qual.

Um dos temas em que a contemporaneidade mudou muito foi nas maneiras. Sou do tempo em que comer um croquete ou um pastel pela rua, mesmo para um menino, era de péssimo gosto: pelo menos no meu círculo social burguês. Quase sou do tempo de Bossuet, para quem um bispo não podia correr, mesmo debaixo de chuva.

Imaginem o que sentirão os da minha geração, e das gerações anteriores, perante as mudanças e "liberdades" a que, sem malícia, se dão os novos de hoje... Provavelmente apenas porque ninguém dos mais velhos lhes disse "isso não se faz" ou: "é muito feio dizer isso". Ou se disse, não ouviram.

As maneiras estão em processo de degradação acelerada, até com aumento da criminalidade violenta entre jovens "na noite". Não é, porém, de crime que quero falar hoje. O crime é já um limite muito grave. Fiquemo-nos pelas más maneiras.

Será que deverá o pacato burguês chocar-se tanto com a poluição do ambiente pela má educação? Não deveremos radicalmente colocar a questão até à raiz mesmo, e perguntarmo-nos se a boa educação não é apenas convencional, e a má educação a educação, por exemplo, *dos pobres, os marginais ou marginalizados*? Alguém disse: a ética, sim senhor, é conveniente para os ricos. E ainda não estamos na ética: só nas boas maneiras...

Faço um exame de consciência. Evidentemente, sempre com a consciência que tenho, que não pode ser com outra. E se acho que é óbvio que muita coisa em concreto pode ser epocal, e sujeito a mudança, e devendo mudar mesmo, há outras coisas que, sendo convenção, tem de permanecer. Ou tem de haver algo que se lhes assemelhe...

Pergunto-me como será possível conviver socialmente sem regras, sem convenções. Sem um mínimo de enquadramento de instintos e repressão de rompantes. Sem uma réstia de respeito e de atenção pelos outros. Sem nenhuma solidariedade. Sem a mais pequena noção do valor relativo das coisas e das pessoas. Sem tolerância. Sem humildade. Sem auto-crítica. Sem. Sem. Sem.

Um filósofo disse que uma pessoa educada vale duas pessoas cultas. Tenho dúvidas de que possa haver vera cultura sem um mínimo de educação. Reformularia, por mim, o enunciado: uma pessoa educada vale duas pessoas instruídas.

A instrução revela técnicas, o saber-fazer. A educação – a grega *Paideia* – forma muito mais: molda o espírito. Pode alguém dominar técnicas de saber-fazer ou de fingir saber-fazer até no domínio das Humanidades e das Ciências Sociais (que são os saberes mais formativos e educativos – formam Pessoas), e pode mesmo criar uma imagem de humanidade e sensibilidade se isso convier aos seus intuitos: mera técnica teatral... Mas os monstrinhos sociais, os obcecados com o sucesso, o dinheiro, o poder, por muito teatro que façam, não passam nos testes da educação. No limite, estala-lhes o verniz e saltam-lhes as garras... É muito fácil acontecer. E a sua barbaride intrínseca vem à tona.

E contudo a educação ainda seria, nas boas maneiras, mais que um disfarce, um pára-choques social. Útil a todos.

Os bem-educados perderam a grande arma que tinham contra a má-educação: a ironia. Aliando-se hoje a má-educação a total falta de subtileza e até orgulho pela boçalidade, o bem-educado bem pode lançar os seus raios faiscantes de sarcasmo: nada acontece, porque o bronco não compreendeu. Pode até excitar-se ainda mais, e passar a vias de facto.

A falta de instrução e de educação simultâneas, de par com dinheiro e posição sociais, são então a combinação mais explosiva. No séc. XIX, ensinavam-se as meninas dos grupos sociais ascendentes a bordar, a falar francês e a tocar piano... Isso, mais o beber chá, era um princípio.

E agora? O que ensinamos realmente às nossas filhas e filhos? É que há coisas que a escola não pode – e talvez nem deva – ensinar.

Os costumes e as maneiras mudam. E a tendência de cada época é para, simultaneamente, de si se vangloriar e considerar-se mais progressiva que as anteriores, e, por outro lado, lamuriar-se da perdição dos costumes dos seus jovens.

Essas queixas já as encontramos no Antigo Egipto: cada época ao mesmo tempo se ufana de progresso e se pune simbolicamente como a mais degradada, ou melhor, em vias da maior degradação.

Tal não significa que todas as épocas sejam igualmente progressivas ou decadentes. Quem viveu ainda o regime passado, se se detiver um pouquinho, verá um manancial de diferenças. Por muito progressivos que sejamos, são as maneiras que bebemos (ou não) com o leite e o chá maternos que nos hão-se seguir pela vida fora. Ora, em tempos em que as mães e as avós cada vez têm menos tempo para os filhos e netos, presume-se que o autodidactismo de educação não tem lá surtido grande efeito.

Muitos não são já sensíveis a este tema. É uma espécie de surdez. É difícil fazer entender a um surdo as subtilezas da afinação de um violino. E as boas maneiras são subtilezas. Subtilezas socialmente difundidas, e que muito facilita(va)m a convivência.

A tendência do nosso tempo é, sem dúvida, para a informalidade. Mas mesmo esta tem que ter por referência algum formalismo. Há, como se sabe, maneiras quase indiferentes (dizer "Bom dia" poderia ser substituído por "Olá, como vai?", e é-o...), mas há um embotamento da alma que começa com a falta de maneiras e acaba no crime. Em ambos os casos se está perante uma indiferença ao valor de cada pessoa. E uma afirmação excessiva da vontade autista, contra tudo e contra todos.

Ora o autismo está a invadir-nos. Já não são só os jovens que andam, quais marcianos, de auscultadores pelas ruas e olhos em máquinas de teclas, mesmo quando atravessam as ruas: para desespero dos automobilistas, alguns deles com auscultadores também.

Já falamos muito de teoria das maneiras. Vou concentrar-me em coisas recentes, como ilustração.

Telefono por um táxi. Face ao estranho hábito de não virem à porta, como era normal, peço-o explicitamente. O telefonista replica, insolente:

"– Quer carrinho à porta, pela sombrinha?"

– Não. Replico friamente. Acaba de perder uma corrida para o aeroporto".

Nos aviões, ainda há sentido de trato social e simpatia. É uma grande excepção na nossa sociedade.

Vou na verdade de comboio. Um trajecto com transbordo tem dois preços: conforme se peçam os bilhetes separados, ou apenas se indique o destino final. Mas tal não tem a ver com as maneiras dos funcionários, antes com o tratamento da empresa ao público.

Uma vez no comboio, em 1ª classe ouvem-se, por vezes, aquelas vozes de plástico, irritantes mesmo quando querem ser simpáticas: assumem a musicalidade de um disco riscado, sem vida, sem entoação humana. Um computador faria melhor. Este tipo de voz impera em avisos de aeroportos, centros comerciais, e em serviços de atendimento telefónico. Também aqui a falta de amabilidade não é culpa dos que falam.

Passando de um comboio de alta velocidade para um mais lento e provinciano, muda-se de planeta. Da moça de voz sofisticadamente plastificada que oferece até bebidas gratuitas, se passa ao revisor de bigode farfalhudo que, sem querer ser mal-educado, contudo não deixa de sobressaltar sensibilidades mais atentas: "Vocês para onde vão?". Se o dissesse a um grupo de *globe-trotters*, entendia-se. Não para um casal de idosos. Sei que há sensibilidades diferentes ao você. "Vc é estrebaria!", dizia uma minha Avó. Não falo da conotação no Brasil. As maneiras são contextuais.

Num restaurante, depois de espera de anos-luz, vem comida requentada e queimada. Perante a reclamação, o empregado bate a mão no ombro do reclamante, como se fossem camaradas de escola ou tropa.

Dir-me-ão: você é pobre, não se dá ao respeito, andando de comboio e frequentando restaurantes baratos.

Respondo: fui em 1ª classe até onde pude, táxi não tem classes, mas não é um autocarro suburbano, e o restaurante era esplanada de "porta aberta" numa estância balnear frequentada outrora pela aristocracia, e hoje até por antigos ministros...

Terá que ostentar todo o serviço meia dúzia de estrelas?

Não chega gravata, é preciso guarda-costas?

Será que a educação apenas se compra a alto preço?

Não creio: tenho sido atendido *como um rei* no mais humilde boteco do Brasil. Educação não tem preço.

Ia esquecendo: no meu trecho de 1ª classe de comboio, um empresário endinheirado gritava em dois telemóveis em altos brados, polvinhando o discurso de vernáculos palavrões.

Entre as maiores provas da existência de Deus, ou da Ordem cósmica está o facto de, com tão má condução automóvel, não termos muito mais desastres.

Os acidentes estropiam, mutilam, matam... e decerto os vigilantes do universo que nos assistem preocupam-se e intervêm...

Entrepondo-se milagrosamente no último segundo, para evitar choques de outro modo inevitáveis...

Identificam alguns os relatos de discos voadores com a iminência de catástrofes. A ser verdade, tal poderia significar que os nossos vizinhos do cosmos se preocupam com a preservação ecológica das espécies (mesmo as mais primitivas, como a nossa) no concerto do universo. Enquanto parecemos não querer tomar conta de nós, eles, discretamente embora, interviriam.

Se assim é, estou tentado a fazer-lhes um apelo, porque há perigos para a nossa civilização que, parecendo coisas banais, se revelam fulcrais para o nosso futuro.

Basta sair de casa: escorrega-se em viscosas excreções que gente bem e mal vestida verte para o pavimento, com descontracção alarve.

Busca-se distração num cinema: a barulheira, risos estrídulos e histriónicos, comentários obscenos ou simplesmente tontos, abundam, sem que haja gente adulta que os verbere, obviamente com medo de ser descomposta e quiçá agredida.

Em aulas: diz-se que "o mais difícil é senta-los". Imagine-se como deverá ser...

Nos restaurantes e cafés, mesmo nos mais categorizados: chega a ouvir-se conversas de fazer corar um marinheiro (citando *My fair lady*).

Mesmo nos templos, e durante o culto: crianças andarilham, saltitam, reclamam, e choram, e telemóveis ajudam à missa com as mais despropositadas melodias.

Escreve-se uma carta a gente aparentemente civilizada, e não se logra resposta.

Um convite fica sem retorno, seja a que propósito for.

Mesmo subordinados e colegas de trabalho não se cumprimentam fora dos edifícios dos seus serviços, e por vezes até nos seus corredores.

Os livros ou CD's emprestados cão criaturas caídas no inferno: não voltam jamais.

Não falemos já da criminalidade adolescente e pré-adolescente, que aterroriza as nossas escolas ou as suas imediações, começando em surras e roubos de telemóveis, início de promissoras carreiras criminais. Nem crianças que já sonham com ser bandidos "quando forem grandes", porque "profissão de sucesso".

Andamos tão preocupados com sofisticadas doutrinas pedagógicas, mil provas e avaliações aos professores, feitas por Gregos e Troianos, cheios de projectos, ideais, quimeras... ou já sem nenhumas, pois novidades para *épater le bourgeois* só mesmo ao burguês maravilham. Mas esquecemos o mais elementar dos elementares: a Educação.

Muitos ministérios pelo Mundo fora assim se chamam. Mas de Educação têm pouco. Farão algum esforço com a "instrução"; mas da mais elementar educação, a do trato social, deixaram de curar.

Compreende-se que os professores se sintam pouco à vontade se um aluno se lhes apresentar na aula visivelmente drogado, ébrio, descalço, em trajes menores, munido de café e bagaço, ou o usando vocabulário outrora atribuído à estiva.

E tanto mais embaraçados ficarão quanto maior for o seu grau de sensibilidade, o seu pudor, o rigor da sua educação e dos seus princípios, o seu ideal de Escola, etc.

Muitos acham que não é dever da Escola essa educação "vital". Não deveria sê-lo. Mas em sociedades a caminho da anomia, já só salvas pelos anjos da guarda sociais, as famílias deixaram claramente de exercer essa sua função... Vai então o Estado continuar a fingir que acredita nelas para ministrar precocemente este tipo de educação, civilizacional? Porque de recuo civilizacional se tratará, se até pseudo-elites intelectuais, sociais ou políticas não souberem o mínimo de "maneiras".

É claro que há uma enorme componente social, contextual, de tempo e de lugar, nestes usos e costumes. Mas alguns tem que haver. E nem todos são iguais.

No nosso contexto, não será melhor que se coma com faca e garfo que à unha e à dentada? Mais correcto e valioso saber saudar quem conhecemos e por nós passa que ignorar toda a gente, num ensimesmamento imperial, ou misantrópico? Praguejar ou usar linguagem vulgar não será ao menos inestético, se não for, em alguns casos, delituoso?

A rudeza e boçalidade que nos invadem são tão perigosas como os acidentes de viação.

Já António Sérgio dizia que lutar contra a ignorância era tão importante como opor resistência a uma invasão. Não se trata de conservadorismo, mas de sobrevivência social e histórica, necessariamente inovando.

Se os Estados não travarem, e depressa, esta barbarização, só nos restará apelar para os anjos, ou para os marcianos.

1.6. CÓDIGOS DA MODA E *STATUS SOCIAL*

O Prof. Marcelo Lamy, Director da Escola Superior de Direito Constitucional, em São Paulo, caro confrade na (informal) Sociedade dos Barbudos, obsequiou-me há tempos com um precioso livro de crónicas de Afonso Romano de Sant'Anna, contendo o delicioso ensaio "Metafísica da barba".

Em conversa informal com amigos do *Clube 4ª Dimensão*, lembrámo-nos de outra *metafísica* do nosso tempo: a da gravata. Decidi, pois, deixar os grandes problemas políticos, e escavar o dia-a-dia, em breve reflexão *semiótica*, recordando dois grandes observadores subtis do quotidiano e das suas Mitologias: Roland Barthes e Umberto Eco.

Vamos então à gravata. Casos fictícios, nomes supostos:

Alberto formou-se em Direito, pouco depois do 25 de Abril. Arranjou patrono *chic*. Quando ia ao escritório, estagiar, era confundido com o "dactilógrafo". Ao tempo, ainda os havia. Passou então a usar gravata. Na Universidade, dizia-se, um assistente tivera que deixar crescer bigode. Antes disso, um grande médico fora obrigado, pela força do *marketing*, a deixar crescer a barba. Aqui se misturam as metafísicas, como se vê. Creiam que, com gravata, foi longe. Também deixou crescer uma barbicha. Dupla metafísica. Simpatizo com o Alberto.

Brízida tinha problemas de auto-confiança. Era muito talentosa, mas não se sentia de bem consigo. Estudou Biologia para perceber os segredos do ser. Pós-graduou-se em Filosofia em Paris, e durante o curso frequentou cafés intelectuais. Um dia, uma amiga ofereceu-lhe uma gravata. Não sabemos se por amizade ou brincadeira. A verdade é que resolveu usá-la. Sempre que vai a festas importantes, trocou o vestido por gravata e ar sufragista. Triunfa, pelo mistério. Deixou de pensar nos mistérios do ser. Gosto da Belmira.

Carlos era um eloquente professor de esquerda nos tempos de latente revolta estudantil. Usava sempre gravata vermelha. Para se distinguir dos professores da direita. Os estudantes, já então pouco sensíveis a essas subtilezas simbólicas, acharam-no igualmente retrógrado. Mas conseguiu fazer a diferença. Com a eclosão da revolução, não tirou a gravata, enquanto a maioria dos colegas se desengravatou, por convicção fresca ou receio. É verdade que alguns continuaram muito distintos, com camisolas de gola alta... Ele foi coerente. Bravo, Carlos!

Dimas era senhor de umas barbas (de novo as barbas) encaracoladas aos cachinhos pequenos que por si mesmas esconderiam qualquer gravata. Uma noite, viajando para o estrangeiro, foi desafiado para tomar um copo num clube requintado. À entrada, um porteiro cortês esclareceu-o que a admissão era reservada a cavalheiros com gravata (não a exigiam às senhoras, o que Dimas achou discriminação). De qualquer forma, não teve mais: à falta do adereço, tirou o cinto e enrolou-o com nó britânico à volta do colarinho, para espanto mal disfarçado do segurança. Entrou e bebeu um uísque caríssimo. Grande Dimas!

Eduardo era funcionário superior num ministério. Numa ronda por uma repartição, descobriu incidentalmente que havia aí uma gravata rotativa para quem fosse chamado ao director. No seu gabinete, passou então a ter uma gravata castanha escura, com o nó já dado, para quando entrasse alguém importante. Engenhoso Eduardo!

Filipe fez exame com um catedrático muito importante na política, há muitos anos já. No meio da oral, este volveu-lhe, irónico: "– Vejo que o senhor está muito à vontade". Sem entender, respondeu: "– Muito obrigado, Senhor Professor. Com efeito estudei muito". "Nesse caso – ripostou o professor – venha para o ano mais compostinho". Fora – sacrilégio – para o exame sem gravata. Pobre Filipe.

Guilherme dava aulas numa escola pública, dirigida por um rigorista: "– Bom dia, senhor Professor. Não o sabia em férias". Era, de novo, a falta da gravata.

Hipólito foi convidado para jantar num clube fechado. Com muitos rodeios, o anfitrião preveniu-o da necessidade do uso do adereço. Ponderou, foi de laço, e entrou. Afinal, o laço é "gravatinha borboleta". Hipólito, seu maroto...

E quando cumprimentamos, solícitos, o *Inácio*, secretário mais velho e bem posto de *Jesuíno,* um figurão jovem e à desportiva? Grande *gaffe!*

As gravatas têm peso como as cordas ao pescoço. Peso de poder. Símbolo de canga e imposição de bom comportamento. Mas também viseira de cavaleiro ao ataque: elmo emplumado. Crista de galo e laço de enforcado.

Gravatas: mesmo quando não as usamos elas nos esganam com a sua presença ausente.

1.7. FALAR COM OS BICHOS E DIREITOS DOS ANIMAIS

A nobre causa dos bichos anda envolta em muita confusão e folclore. Exemplo disso são os pretensos "direitos dos animais". E se antes de tais "direitos" pensássemos no *afecto* por eles? Antes do Direito estão os afectos. "Defenderei a minha mãe antes da Justiça" – proclamara, e bem, Albert Camus.

Alheio ao fumo e avesso à estética da "festa brava", sempre me pareceu, contudo, que invectivas contra touradas e fumadores escondiam a impotência ou o laxismo frente aos verdadeiros problemas, às grandes causas (creio que quem primeiro o ousou dizer entre nós foi Miguel Sousa Tavares).

Alérgico aos pêlos de gato e cão, presumivelmente a penas de pássaros, citadino dos quatro costados, vivi numa plácida ignorância dos animais, que me pareciam mais ou menos figurantes em documentários de história natural. Coisa quase de ficção.

Evidentemente que não ignorava a proverbial máxima dos "animais nossos amigos"; era sim a distância física que me insensibilizava, melhor: realmente alheava.

Talvez para o compensar, insensivelmente, desde a mais tenra adolescência fui privadamente baptizando alguns conhecidos com nomes de animais. Como sugeriu Leonardo Coimbra, o fabulário (real e fantástico) é uma estilização da galeria dos caracteres humanos.

As Fábulas de La Fontaine eram consolo contra a nesciência humana; dois queridos professores, o saudoso Ernâni Rosas, e François Vallançon, me haviam já chamado a atenção para essa preciosidade, obra de quem socialmente passava por néscio (conforme li em Papini). Vivi assim com bichos de Literatura.

Até que um dia, com essa bela revolução vivencial que são os filhos, entraram em Casa duas pequenas mas repelentes tartarugas. E instalaram-se em aquário privativo no local de refeição quotidiana.

Os tormentos que passei para, durante anos, evitar olhar os horrendos répteis são indescritíveis e certamente indigestos. Perante uma copiosa refeição, uma iguaria deliciosa, lá estava o monstro pré-histórico lembrando-me sei lá... que em pó me hei-de tornar...

O convívio com as ninjas decorreu no mais absoluto silêncio e *apartheid*. Nem sequer me dignava protestar contra a sua presença, tal o medo de contaminação.

E o tempo foi passando. Dez anos estiveram as criaturas debaixo do mesmo tecto, alvo dos desvelos dos demais enternecidos membros da Família. E a partir de certa altura, confesso, com o risco de me contradizer, deixei de dar por tão indesejáveis hóspedes.

Mas noutro dia fui informado de que algo verdadeiramente excepcional iria suceder. Sempre a empregada ficara com os bichos a seu cargo durante as férias: talvez porque a braços com mais gente em casa, gente real (julgo que um genro), daquela vez não podia dar guarida aos bichinhos, pelos quais, parece, nutria um carinho especial.

E aparentemente a solução era abrir a gaiola. No caso, devolvê-los ao mundo selvagem de um lago do parque da cidade. Sem qualquer curiosidade, acompanhei essa despedida.

E o impossível sucedeu – certamente vingança da natura.

A primeira tartaruga, que pude ver então já estava bem crescida, mesmo em dois lustros de cativeiro, mal se viu perto de água, mergulhou e desapareceu, num rasgo solto de quem sempre almejara por essa liberdade.

Se a segunda assim tivesse procedido, jamais estaria aqui a recordá-las. Mas não. Essa outra, mais pequena, disseram-me depois em Casa que de psicologia mais dependente, atreveu-se timidamente na água, voltou para trás três ou quatro vezes, olhou directamente para nós, despediu-se, e só depois do ritual terminado se perdeu no charco sujo onde patos indiferentes nos tranquilizaram que não seria devorada no minuto seguinte.

Recordo claramente o pescoço alto e os olhos vermelhos desse minúsculo monstro de Loch Ness, não numa atitude ameaçadora, mas simplesmente, ternamente, nostálgica.

Ainda hoje penso no que será da vida dessas tartarugas, antes comodamente presas a comer camarão, e agora entregues à sua própria sorte. E não posso deixar de pensar em tantas vidas humanas que vivem por vezes existências acolchoadas, mas cativas, e depois passam às agruras de liberdades sem rede...

Uma mágoa se esboçou: pela segunda tartaruga, sem dúvida (a primeira não precisava). Mas também pela espécie humana, livre e prisioneira: tartaruga.

Derradeiro símbolo: as fotos desta despedida ficaram inutilizadas por extemporânea entrada de luz na máquina. Assim apenas recordaremos as ninjas na cabeça e no coração. Sem invocar para elas qualquer direito à liberdade...

E contudo, há uma sensação, não digo de injustiça, mas... curiosamente... de desumanidade.

1.8. DIREITO À LÍNGUA. *IDIOMATERNO*

Idiomaterno: um híbrido linguístico muito feliz, muito bonito e com muita propriedade. É ele o lema do novo e ineditíssimo Museu da Língua Portuguesa, em São Paulo (inaugurado em Março de 2006): http://www.museudalinguaportuguesa.org.br.

Idioma terno, este nosso. E mais terno ainda com o "açúcar" e o "cacau" brasileiros. *Idioma materno*, que nos embala e bebemos com o leite de Mãe.

É simplesmente comovente ver como a nossa Língua, que é mesmo nossa e é comum pátria e mátria, é acarinhada pelo país que lidera, de longe, a criação contínua do nosso falar, com os seus já quase 190 milhões de habitantes.

Na Estação da Luz (um edifício de traça inglesa, com ferro forjado vindo de Inglaterra, e aí montado, peça por peça, destinado aos escritório da britânica São Paulo Railway, que geria a linha que ligava o porto de Santos a Jundiaí, passando pela capital paulista) cessaram definitivamente os fantasmas do Inglês, para se falar em pleno a língua de Jorge Amado e Camões. Cento e cinco anos depois (o complexo abrira em 1901), os paulistas e todos os lusófonos se reencontram com um passeio na sua língua.

Apesar de, entretanto, na televisão, se celebrar a moda brasileira dos "fashionistas": moda, no seu pior, mimetizando a língua do colonialista (mais um acto de subserviência do voluntariamente "colonizado" que acção imperialista concreta do "colonizador" global).

Pelo Museu da Língua Portuguesa, o Brasil não só ganha uma nova afirmação, como sobressai na Lusofonia, enquanto Portugal se mantém na penumbra, apoucado na eterna contemplação do umbigo do seu crónico *déficit*, e na sua dependência (antes de tudo mental) a Bruxelas e aos EUA (relembremos a posição que o Governo de então assumiu na cimeira açoreana sobre o Iraque).

Esperamos ainda que o Governo presente, que tem a apoiá-lo esclarecidos universalistas e amigos da Lusofonia, ainda venha a criar, ainda que pelo seu simbolismo, um Ministério da Lusofonia. Ao menos em atenção ao papel que poderíamos desempenhar nesse universo de cultura e de afectos e a tantos brasileiros, cidadãos dos PALOP's e outros lusófonos que escolheram Portugal para viver, assim como às comunidades portuguesas pelo Mundo espalhadas.

O Museu da Língua Portuguesa é o único museu do Mundo consagrado a uma Língua, a qual inteligentemente soube exprimir, pelo grande poeta Fernando Pessoa (também pensador lúcido), a ligação entre o falar e o ser profundo, Língua e Pátria. O Museu é, assim, o grande templo da nossa Pátria comum, anúncio do *V Império* de António Vieira e Agostinho da Silva, que deveria ser o nosso mítico destino. Mas que, obviamente, não interessa nem ao capitalismo globalizador, nem aos próceres de messianismos na verdade materialistas, mas pouco dialécticos.

Poupo pormenores desse templo, ao mesmo tempo espaço lúdico, capaz de propiciar um grande prazer intelectual. Uma criança pequena reclamava: "– Papai, papai, quero voltar!" (coisa que jamais ouvi num Museu). Direi apenas que aí ouvi o soneto definitório de Amor de Camões com o acento doce dos trópicos, uma invectiva de Gregório de Matos contra a corrupção e a falta de justiça que valia a pena ser decorada nas escolas básicas, para que um dia deixasse de pairar como espectro sobre nós todos, as intertextualidades de palmeiras e sabiás em múltiplos autores que ressentem o exílio – e a saudade... coisas tão nossas! E tantos depoimentos, e apontamentos que se sucediam, nas paredes, correndo como um comboio (ou trem).

Confesso ter ficado desconsolado por pouco se ter ouvido o nosso sotaque luso. Nem a forma de falar das áfricas e das índias e das oceanias lusófonas. Perdoem-me os linguístas mais castiços que assim fale... Mas, realmente, o Museu está no Brasil, e só no Brasil há várias modulações no cantar da língua. Creio que essa lacuna é mais uma delicadeza que uma displicência. Os brasileiros fizeram um monumento à nossa Língua, pioneiros, bandeirantes, como que apontando o caminho, mas sem fechar a obra.

Ficando, assim, o desafio – que Portugal deveria tomar muito a sério – para que em cada ponto do globo onde se fala o Português se ergam novos monumentos.

Temos de criar um Museu da Língua Portuguesa em Portugal. E, para mostrar que não é intento imperialista, deveríamos criá-lo na cidade em que, segundo os especialistas, se fala mais puro português luso: em Coimbra. Quem constrói tantas catedrais ao futebol pode criar uma capelinha à Pátria, não no sentido acanhado e xenófobo, mas no seu mais arrojado e progressivo sentido universalista.

Há um direito fundamental à Língua, e à preservação da Língua. E pode haver uma inconstitucionalidade por omissão, quer em Portugal, quer no Brasil, pelo menos, se a não preservarmos bem, de um e do outro lado do Atlântico.

1.9. LITERATURA: TESTEMUNHO, RECONSTRUÇÃO, NORMATIVIDADE?

Ouvi numa livraria uma queixa já minha conhecida, em formulações diversas. Mais ou menos nestes termos:

"– Tanto livro, tanto livro novo, mas quais resistirão ao tempo? Quais se tornarão clássicos que dá vontade de reler? Quase tenho medo de começar lendo, por temer a perda de tempo. E depois, a literatura de hoje é mais seca. Chega a ser brutal."

A conversa desenrolava-se em voz alta, como que para toda a gente poder ouvir, num diálogo quase monólogo, em que o interlocutor mal balbuciava, ante a convicção do outro.

Claro que a pessoa que assim comentava não seria propriamente uma criança, e sabemos que, em geral, o tempo nos pode tornar resistentes às novidades... Contudo, espelha uma tendência, cujo valor estatístico ignoro, mas que vale, em si, pela prevenção.

Essa queixa de secura e brutalidade de alguma ficção de hoje, não poderia esquecer as condições em que esta actividade se desenvolve.

Ontem o escritor, mesmo se no limiar da miséria, dispunha de um bem precioso e hoje escassíssimo: tinha tempo. Falta de tempo elimina arrebiques e suavizações. Vai-se directo ao assunto.

Este circunstancialismo simultaneamente objectivo e subjectivo faz já toda a diferença. Mas há mais.

Outrora, havia toda uma cena mais ou menos bucólica a desenvolver-se diante do autor: uma espécie de paisagem estável, e assim permanentemente inspiradora: em termos facilmente imitáveis.

Não apenas havia permanência de coisas inanimadas (sempre se podia fazer apelo a uma relativamente simples descrição da natureza): como mesmo de tipos humanos, os quais, de tão tradicionais e consabidos, como que se colavam à tela, num fundo psicológico de tranquilidade e especialidade comportamental.

Nos nossos dias não é assim.

O bicho-homem parece demonstrar em cada pirueta da sua plasticidade e adaptabilidade que não tem natureza, e manifesta-se nas mil e uma formas da sua desumanidade. Disso se ressente também a paisagem natural, que, sempre humanizada (mas cada vez menos humana), evidencia os maus tratos cometidos pela mão humana e floresce numa incessante mutabilidade, precisamente inversa da paz de espírito que costumava exalar.

Sem um homem de figurino, antes com personagens imprevisíveis, ainda que, por outro lado, massificadas; e sem uma natureza minimamente cenográfica, mas arruinada pelo predador humano e sempre por via disso em constante mutação, grande parte das grandes lições generalistas da literatura são impossíveis.

Em lugar de grandes dramas morais, de profundas tragédias do destino, de imortais poemas aos sentimentos perenes, a literatura passa, assim, sobretudo a *testemunho*. Testemunho sismográfico de um tempo sem tempo, porque verdadeiramente sem medida dele: sem homem e sem lugares. E não há tempo sem medida. Só a voragem da hora e da pressa.

Por isso a ficção pode parecer em geral seca, e até sem estilo, sem projecto, sem mensagem. Relato do mais chocante ou do mais banal.

Não culpemos os autores, prisioneiros da circunstância. Nós é que lhes não damos material que de outro modo os inspire.

E de tudo isto talvez decorra o grande e justo sucesso de muitas formas de expressão literária que vão buscar ao passado a cor local que parece faltar ao presente. Curiosamente, esses romances, contos, e afins, que se localizam ficcionalmente no passado, não geram preocupação com eternidade ou classicismo, nem podem ser acusados de secura ou rudeza. Em muitos deles se pode até exercitar a liberdade poética de construção, a singularidade da mensagem, e até alguma ousadia estilística. Pensemos, entre nós, por exemplo, nos escritos de Miguel Real.

A chave disso? É que a Literatura que ultrapassa a nossa circunstância, buscando pé no passado, acaba por deleitar e instruir, além de poder também comover. Fórmula perfeita de retórica, quer dizer, de eficácia comunicacional.

E, nesse caso, então, a literatura deixa de ser testemunho do presente, necessariamente parcial e datado, para se nimbar da aura do "histórico", ainda que do ficcionalmente histórico – se é que todo o histórico não o é necessariamente. Mas, como é evidente, toda a reconstrução do passado é também testemunho do hoje que o interpreta.

A Literatura será sempre documento da sua época. Mas deveria ser mais que isso.

O problema remete para a questão da Arte. O que é a Arte (ou a arte literária) para alem do documento, do "etnológico", do testemunhal, etc.? Complexíssima questão. E assinalemos, nela, apenas uma ponte com a questão jurídica, porque axiológica também: na Arte, como na Literatura, como no Direito, é preciso julgar. O julgamento, a normatividade, têm uma importância crucial.

E os tempos actuais colocam desafios desestruturadores: como uma Arte sem normatividade, sem eixos, sem hierarquias, sem valores? E como uma juridicidade que prescinda desses mesmos elementos, *mutatis mutandis*? É certo que muitos dos valores antigos estão totalmente errados, e são inversão de valores. Mas precisamente por isso, importa é colocar os valores na ordem (ao menos que a nossa ordem, com as nossas luzes, nos permita), não prescindir de toda a ordem...

1.10. NARRATIVA DA BUROCRACIA & DIREITO DO CONSUMIDOR

Tenho muita condescendência para com os plácidos e pachorrentos. Acredito que, em geral, são pessoas pouco motivadas, a quem falta reconhecimento e estímulo pelas respectivas potencialidades. Sabe também da minha desafeição aos *serial killers* do trabalho, que levam tudo de vencida para atingirem o topo, assassinando pelo caminho, mais ainda que os outros, as suas vidas reais. Gente sem existência própria, são figurantes da mesmice da peça consabida: o ambicioso que esbraceja e esgadanha, e se não morre de enfarto, cedo (que será o natural), virá a apodrecer velho e sem afectos – e nada garante que rico.

Mas, com toda esta indulgência, às vezes não posso deixar de me irritar com os resultados da nossa *não aplicação*.

O cidadão enerva-se nas repartições públicas com burocracias e confusões. E justamente. Tem havido melhoramentos. Os lugares do Estado estão menos sinistros. Não me admiraria que as televisões, que já há em Hospitais, se alargassem às Finanças. Os funcionários, mais novos, são mais simpáticos. Já não invocam tanto o "são *ordes*", embora continuem a ser legalistas como os seus avós... Ainda é uma tortura das valentes.

Interessante é que também nas empresas privadas se faz sentir muito o fenómeno da desatenção pelo cliente. E não são só os empregados, como se diz em certas cartilhas. Até os patrões – fenómeno a estudar –, por vezes parecem estar a fazer-nos um favor. Desafio às teorias *empreendedoristas*! Serão reminiscências de tempos de foro nobiliárquico socialmente muito alargado (como apontava Antero de Quental), com concomitante desprezo pelo comércio? Serão avatares de tempos de esclavagismo? O fenómeno está aí. Ficam dois exemplos recentes, um de cada género.

Noutro dia, o dono de um restaurante, logo que lhe pedi a ementa – porque não se dispunha a mostrar-ma –, esclareceu-me, com inflexão *snob,* que ainda não estava na hora da abertura. Pedi-lhe imediatamente muita desculpa pelo incómodo, e fui dar a ganhar o almoço a alguém mais precisado, e mais solícito. Não me arrependi, porque almocei muito bem no restaurante ao lado, que não ligou ao horário de abertura... e quis trabalhar. O episódio repetiu-se nos últimos dias noutro restaurante, numa zona totalmente diferente do País. Fenómeno nacional?

Segundo episódio. Precisava de uns óculos novos. Tinha pressa. Fui a um oculista tradicional, que me atendeu com obséquio; mas continuei a não ver bem. No segundo, as funcionárias, muito empenhadas a tagarelar, apontaram-me um prazo longínquo de entrega. Noutra loja, indicaram-me um "para a semana" muito vago... Não podia esperar tanto.

Escolhi finalmente uma grande empresa, esperando o profissionalismo da globalização. Prometeram-me 5 dias. Era demasiado para tanta sofisticação, mas ...

COMUNICAÇÃO & DIREITO

E logo me quiseram impingir um seguro, e exigiram que pagasse imediatamente, ou, no mínimo, sinalizasse com 50% do preço. Achei deselegante a exigência, mas condescendi. À cautela, e como incentivo a que cumprissem o prazo, fiquei-me pelo sinal.

No dia aprazado, cauto de novo, telefonei. Prometeram para o fim da tarde. Uma hora depois, ligaram: houvera uma confusão de lentes, seriam mais 5 dias, afinal. Teria sido preferível ficar pela honestidade do "para a semana"...

No final de mais 5 dias sem óculos, novo problema. Partira-se uma haste. Não tinham mais iguais. Condescendi com aros de outra cor. E mais espera. Alguém acredita? Não tem feito cómico, porque não é ficção: Pois é... Partiram de novo, sem sair da loja. Prometeram nesse mesmo dia ir de táxi buscar novas hastes a outra casa, e telefonariam depois.

Telefonaram. Só no dia seguinte. Vieram os óculos, mas claramente rachados e com um perceptível risco: afectando as duas lentes.

Desta vez fui atendido julgo que pela gerente, a qual, inteligente e despachada, compreendeu o meu drama. Mas tive mesmo que partir para o estrangeiro de óculos rachados e hastes bambas. Só no regresso conseguiria uma armação capaz. Na verdade antiquada, dura, de guerra. E custou ainda mais que a primeira, levíssima e aerodinâmica... Tive que pagar a diferença.

Fui então tocado pela nostalgia dos óculos rachados, e perguntei se os poderia comprar também (esperava eu que por um preço simbólico). Não, já não. E por preço algum. Estavam adstritos a uma espécie de "arquivo morto". E não podendo servir a ninguém, ali deveriam jazer, para a posteridade...

Exigem-se níveis mínimos no atendimento. E já agora, também, na elaboração dos regulamentos de mercadorias "para abate". O mundo dos direitos do consumidor é complexo e é, na verdade, um universo em expansão. Pena é que enquanto a teoria e a própria legislação avançam não haja, muitas vezes, a mesma tendência na prática empresarial e nos serviços do Estado.

1.11. CENSURA E MASSIFICAÇÃO

Há algumas imortais estóricas da censura e do controlo cultural que deveriam ser ensinadas nas escolas, para que nunca mais esquecessemos. Para que soubéssemos tirar as devidas lições.

Temos de contar um par de casos, um de Portugal e outro do Brasil.

O caso português quase se conta como uma anedota, mas parece que não o foi. Passo ao relato, sem grandes floreados, tal como mo contaram, há muito tempo já:

Estamos nos anos 70. Os intelectuais portugueses vão e vêem por essa Europa e dessa Europa, sob o olhar suspeitoso da PIDE. Na alfândega de um aeroporto, um investigador de Literatura francesa é barrado, por vir com volumosa e suspeita mala e decerto ter lunetas intelectuais, ou cabelo comprido.

"– O que leva aí?" – pergunta, mal humorado, o polícia. Dizem que os polícias, na época, pareciam quase sempre malhumorados. Era uma espécie de fardamento.

E balbuciante, o intelectual:

"– São apenas livros – Como quem diz: "são rosas, senhor..."

Livros, imagine-se! Material altamente suspeito. Do mais suspeito de todos. O que foi ele dizer.

A polícia não perdoa. Pára a fila. Faz-se cordão em volta. E abre-se aparatosamente a bagagem. Os circunstantes "civis" tornam-se mirones, à espera de detenção. E da mala abarrotada saem profusamente ensaios, monografias, tratados. Sobretudo sobre Racine, esse grande dramaturgo clássico francês do séc. XVII.

Com um sorriso de dever cumprido, e cheio de si pela sua fulgurante sagacidade, o inspector dispara, ríspido e sonoro:

"– Está tudo apreendido! Siga-me."

– Apreendido? Mas são livros de estudo. Isto não é política... Eu..."

COMUNICAÇÃO & DIREITO

E cabo da guarda, de olhar triunfante:

"– O senhor julgava que nos enganava, não é? Pois a Polícia tem formação política: "Marx, Engels, Lenine, Estaline, *Racine*!""

Do Brasil, uma brevíssima referência, nada romanceada: parece que *A Capital*, de Eça de Queiroz, era, no tempo do Estado Novo de lá, livro proibidíssimo, por confusão com *O Capital*, de Karl Marx.

Evidentemente que, bem vistas as coisas, tanto Racine como *A Capital* são perigosos. Politicamente perigosos. Mas o que não é perigoso para uma ditadura?

A censura é muitas vezes estúpida, mas – por paradoxo – não pressupõe o Povo estúpido. Pelo contrário.

Antigamente, havia uma censura que, impedindo-nos de ler, ouvir e ver coisas importantes, apesar de tudo parecia respeitar a capacidade de entendimento do cidadão, e pressupô-la até. Optimistas, os ditadores, acreditavam na Educação do Povo, e, por isso, tudo faziam para a evitar, e mantê-lo, por falta de meios, ignorante.

Se tivesse acesso... o povo seria inteligente; logo, perigoso.

Hoje, porém, tudo mudou de figura: a massificação dos *media* pressupõe, ao que tudo indica, que "para quem é... bacalhau basta"... E atira-nos à cara tudo o que julga que nós todos engolimos.

Conclusão: a censura acreditava num Homem inteligente; o capitalismo selvagem, quando determina a informação e a cultura, só acredita no lucro que podem dar as audiências, a massa do público. E essa massa parece que é hoje constituída muito em especial pelas "domésticas de 40 anos", de que falou, deplorando a crise e a decadência, o agudo jornalista cultural Bernard Pivot...

Deveria pensar-se numa política ética para a comunicação social. E não só o devem fazer os renomados e crónicos "especialistas", mas também os especialistas de ideias gerais, ou seja, as pessoas ainda cultas que nos restam. A comunicação social, como a justiça, a educação... etc. são matérias de dimensão e implicações demasiado importantes para serem deixadas apenas a "especialistas", e sobretudo aos que têm obrigação de dizer coisas sempre novas todos os dias. Deve cansar muito. É evidente que os especialistas, sobretudo os que têm tempo para reflectir, longe do desgaste quotidiano do foco da exposição pública, são fundamentais, mesmo vitais, mas precisam da inspiração de gente culta. As pessoas cultas têm sempre ideias interessantes e úteis para qualquer campo. E mais: se a ele não pertencerem, têm a vantagem de emitir opiniões desinteressadas, o que também faz muita falta.

Já há muito que não nos param nos aeroportos se levarmos livros de Racine, Marx, ou Eça de Queiroz. Mas corremos um risco muito sério. O de deixarmos de ler qualquer dos três. O de poucos os conhecerem. E qualquer deles faz cá uma falta!

A censura tinha razão: ler Eça, Marx ou Racine, bem no fundo, *é tudo a mesma coisa*. É a cultura! E a cultura não vai nada bem com a má política e o economicismo cego.

1.12. COMUNICAÇÃO SOCIAL E DIGNIDADE

Alguém disse que o importante não é ser-se Ministro, é tê-lo sido. Próxima desta afirmação (que um dia comentarei) está esta outra tese, que parece ganhar cada vez mais veracidade, em tempos de geral tibieza e submissão a poderes instituídos, quaisquer que sejam, e à magna ditadura do politicamente correcto: a Liberdade – a começar pela liberdade de expressão do mais profundo e próprio pensamento – não estará tanto nos políticos na ribalta como nos que por lá passaram, e experimentam agora as delícias de uma certa "irresponsabilidade" (no melhor sentido: no de não "deverem" nem "temerem").

A tendência para dizer o que pretensamente "se deve", e fazer a figura que de nós se espera, é enorme. Ainda estudante da Faculdade, fui algumas vezes entrevistado, à conta de actividades europeístas. E dei comigo a dizer exactamente o que os entrevistadores esperavam que dissesse. Foi preciso crescer para passar a dizer o que pensava, e poderia constituir espanto – e até indignação – dos outros.

Uma das primeiras vezes em que senti a pressão do lugar-comum, foi na Polónia, no Congresso Mundial da Juventude e dos Estudantes, em 1976.

Como não houvesse tradutor de português para um congressista angolano que só falava a língua de Camões, estando eu na mesa da presidência não tive dificuldade em oferecer os meus préstimos de tradutor improvisado.

Subi à tribuna. O angolano, militante do MPLA, fazia o seu discurso por longas tiradas, rajadas de palavras de ordem, e eu vi-me obrigado a tomar apontamentos que depois traduzia, dali mesmo do púlpito do imponente palácio da cultura de Varsóvia.

Terminado o recado, dei comigo só, no palco, ainda com um bom naco de prosa para traduzir. O que diligentemente fiz.

Nesse momento, entra a televisão húngara, que acaba por presenciar uma enorme, compassada, sonoríssima trovoada de palmas – que obviamente se dirigia ao orador ausente, e não a mim.

Passei, pois, involuntariamente, pela estrela do Congresso... E logo, ao descer das escadas da tribuna, fui apanhado pelos jornalistas.

Levaram-me para uma sala ao lado, e rodeado de altas colunas intimidatórias, tive o interrogatório da praxe. Talvez um instinto de sobrevivência me tenha influenciado, também. Corriam boatos que uma qualquer intervenção sobre presos políticos feita pelos jovens do Partido Liberal alemão lhes havia valido alguns incómodos.

Mais uma razão, assim, para falar da paz, da cooperação, da *détente* e do progresso social... Banalidades. O politicamente correcto nas relações ocidente-leste da época...

Depois de tamanha sensaboria, o jornalista confessou: não estivemos a gravar até agora. Foi um treino. Faça o favor de dizer exactamente o que disse, que agora vamos entrar em directo. Esteve magnífico: parabéns!

Jamais saberei se algum dia apareci na televisão húngara. Sei é que a comunicação social, sobretudo a mais imediata, nos pode fazer de bobos.

É assim que se devem saudar as atitudes daqueles que, em Portugal como lá fora (há o exemplo de um ex-chanceler alemão!) não se vergam à ditadura mediática, e assumem a sua dignidade.

Curioso, porém, é que os que isto fazem não estão normalmente no activo ou na ribalta, pelo menos não estão no auge das suas carreiras políticas. Isso lhes dá distanciamento: a fama tolda o entendimento, e ao mesmo tempo submete à *opinião*, à massa, à popularidade. São mais que discutíveis os ditos "critérios editoriais" ou "jornalísticos" de muitos órgãos, eles também vítimas do politicamente correcto e da ditadura das audiências. Baixando sempre o nível, como sublinhou o grande jornalista Bernard Pivot, até ao que uma "doméstica de 40 anos" presumivelmente poderia gostar.

Este critério leva a uma total inversão de valores e prioridades de interesse público: a morte do filósofo Agostinho da Silva nada valeu comparada com a de um corredor de automóveis; vindos no mesmo comboio, Madame Curie chegou anonimamente a Paris, enquanto Maurice Chevallier era saudado em ombros.

Sendo a televisão e a *Internet* os principais educadores (ou deseducadores) hoje, é de arrepiar a inversão da ordem de valores que podem inculcar.

Portanto, todos os que contribuírem para denunciar a falta de cultura, de senso, de gosto, de sentido das prioridades e dos valores na comunicação social merecem um vibrante e entusiástico aplauso. Sejam quem forem. E mesmo que o dar com a porta na cara fosse o seu último acto político, ou de visibilidade.

São precisos muitos murros na mesa e portas na cara para que alguns aprendam as maneiras e as precedências. Há diferenças, há distâncias, há valores.

1.13. ARTE E POLÍTICA

Entre 5 e 6 de Maio de 2007, a São Paulo cultural não dormiu.

Um evento tentacular espraiou-se por mil e uma iniciativas culturais (creio que mais), ininterruptamente, de todas as Artes e Letras.

Iniciativas para mais esmagadoramente gratuitas, ou a preço simbólico. Patrocínio da Prefeitura da Cidade. Foi o que se chamou *Virada Cultural.*

Na belíssima Casa das Rosas, na Avenida Paulista, funcionava uma "Rua do Livro". A preços mais que módicos, enriqueci a minha biblioteca com títulos interessantíssimos.

Um dos volumes que imediatamente chamou a minha atenção foi *Ir ao Cinema. Um Olhar sobre Filmes*, de Humberto Pereira da Silva, autor paraibano de formação enciclopédica (da matemática e da física à filosofia da educação, em que se doutorou). A edição é do ano passado, e tem a chancela da Musa editora.

A minha atenção deve-se, logo a um primeiro folhear, no ensaio "Leni Riefenstahl e Elia Kazan: nas fronteiras entre estética e comprometimento" (p. 161 ss.).

Num estilo sabedor e sedutor, o autor exprime a sua divisão, a roçar a angústia, entre a admiração e a recusa dos dois cineastas. A primeira, autora de obras como *Triunfo da Vontade* e *Olimpíadas*, considerada a câmera de Hitler; o segundo, autor, entre outros, de *Uma rua chamada pecado*, *Viva Zapata*, e *Sindicato dos Ladrões*, tido por delator de camaradas seus, comunistas, no período da "caça às bruxas".

Não cabe resumir as inquietas observações do autor. Cremos, contudo, que não será deformação citar as suas conclusões, que parecem acto voluntarista de decisão ideológica, com óbvias implicações estéticas.

Num mundo ideal, sem nazismo e sem macartismo, e abstraindo do condicionalismo externo, o autor não poderia negar a *Triunfo da Vontade* e *Viva Zapata* a qualificação de "obras de pura beleza cinematográfica" (p. 168):

"Eu me deliciaria com os enquadramentos, com os movimentos de câmera, com a composição de um personagem cinematográfico num momento revolucionário. E poderia cultuar [o autor sublinha como grande consequência social do estatuto de obra de arte o culto que lhe é tributado pelo público] sem qualquer sentimento de culpa, esses dois maravilhosos filmes" (*ibid.*).

Mas como não se encontra nesse mundo ideal, Pereira da Silva recalca a sua emoção estética com a angústia de cultuar Riefenstahl e Kazan, preferindo-lhe uma opção política:

"Se alguém me perguntar, digo que prefiro o que talvez seja uma obra 'menor': está mais de acordo com o que o meu gosto recomenda".

Entre pactuar com o nazismo e delatar os comunistas, o crítico desculpa mais, apesar de tudo, a traição de Kazan – o que revela compreensão para com uma fraqueza humana; muito diferente, na verdade, da posição da cineasta, que nunca se terá retratado verdadeiramente.

Porque não crê possível o culto da obra sem o culto do artista, porque "a obra revela o gênio que a criou", o cinéfilo prefere "não incluir *Triunfo da Vontade* e *Viva Zapata* como obras de gênios" (p. 169).

Num tempo de revivalismo, felizmente pontualíssimo, da ideologia nazi e afins, a discussão sobre a arte nazi tem toda a pertinência. Serão os nazis incapazes de arte?

Penso, evidentemente, que o nazismo assinala as mais negras páginas da História Humana. Mas será que, do mesmo modo que os nazis consideravam a arte dos judeus arte decadente e degenerada, e a faziam arder em piras, os democratas negarão pura e simplesmente qualidade artística às obras dos anti-democratas, ou, pior ainda, dos que serviram de alguma forma uma ideologia contrária? E alargar o anátema até aos que terão claudicado, como Kazan, não será um julgamento conscientemente preso a uma ideia de pecado, de mancha, de queda?

Logo que o culto e subtil analista lançou o anátema da não-arte para evitar o culto, creio que muitos dos seus leitores, nada nazis, foram procurar ambos os filmes. E é possível que os tenham passado a apreciar. Simplesmente, mesmo cultuar uma obra de arte, para alguém inteligente, nada tem a ver com a mensagem ideológica da obra, nem com o perfil moral do seu autor.

O que seria da arte sacra de tantos fundamentalismos religiosos, e da arte política de tantas tiranias, etc.? Receio que com tal critério não restasse muita arte.

Ter apreciado (não "cultuado") a *Virada*, não significou, para mim, ter ficado adepto do Prefeito Gilberto Kassab, nem do novo Partido, *Democratas*, herdeiro do PFL...

Fui ao *You Tube* e vi todas as cenas do *Triunfo*: culto da personalidade, propaganda. Não tive angústia nenhuma em não o considerar Arte, apesar da pompa e da boa fotografia. Preocupante é a sedução da brutalidade massiva, sobre os que se deixem impressionar pela espectacularidade da força sem Razão.

1.14. ELOGIO DE HARRY POTTER

A série Harry Potter está cada vez melhor. No cinema, claro. Que em livro só falta o desfecho, que ainda se aguarda oficialmente.

Não sei se os fãs mais dedicados terão ido ver um final ou pretenso final que um "fundamentalista" teria subtraído à editora e colocado na *Internet*, em luta sem quartel contra a bruxaria sacrílega. Eu não fui ver. O final será sempre, e só, o oficial. É como nas cartas anónimas: jamais se devem sequer abrir, e muito menos ler.

Só se consegue lidar com a sedução da magia, com a própria crença descrente na magia, com natural superioridade racional, e uma enorme e acolhedora condescendência. Faiscantes excomunhões e *mão militar* apenas adiam o problema. A magia é poderosa. Está inscrita no nosso imaginário. E se for servida pelo fingimento do poeta (do escritor, da Literatura), mais ainda cativa, até porque não compromete a convicção.

O livro de Paul Veyne *Acreditavam os Gregos nos seus mitos?* é revelador. Há tantas coisas em que acreditamos e não acreditamos... Há quem seja materialista em teoria e crente na prática (ou será vice-versa?). Provavelmente, serão os nossos vários cérebros sedimentares a trabalhar. O cérebro de réptil acha enorme graça à magia... O de primata preferirá certos *reality shows*... O de Homem deleita-se com cultura... E o de anjo (mensageiro), para quem o tenha, com espiritualidades...

Sempre me atraiu a ideia *Harry Potter*. Porque efabular uma sociedade de bruxos, não idealizada, mas precisamente com os mesmos problemas que os homens comuns têm, é, no fundo, uma grande metáfora da diversidade humana e da própria mutação do Homem, com o progresso técnico. Andar em vassouras não é assim uma impossibilidade tão afastada...

O mundo dos feiticeiros de Harry Potter está tão dividido entre o *bem* e o *mal* como o nosso. E começa a matizar-se cada vez mais. Fazendo-nos explicitamente compreender que até no herói principal (sobretudo nele) as forças positivas e negativas se digladiam. As personagens são, assim, complexas. Como nós.

Descontando o feérico dos efeitos especiais, para satisfazer a sede geral de espectáculo, neste *Harry Potter e a Ordem da Fénix* vamo-nos aproximando da luta decisiva.

Mas, enquanto isso, há pormenores a que devemos atentar: interessantes uns, deliciosos outros...

O julgamento a que, quase no princípio do filme, Potter é submetido injustamente lembra os tribunais gregos, com um júri de assembleia. A forma sinistramente facciosa como o juiz conduz os trabalhos é revoltante.

Mas mais revoltante ainda é a ditadura da medíocre inquisidora educativa que acaba por se instalar na escola de bruxaria, expedindo decretos arbitrários e opressivos, expulsando professores e torturando os alunos.

Creio que todo o público suspira de alívio quando dois estudantes resolvem fazer justiça (não vamos dizer como, mas é um belo espectáculo). Alívio e gáudio.

A petulância daquela ínfima criatura, que quer impor um manualzinho fascista aos estudantes, e pretende afinal que apenas aprendam teoria (como se a um bruxo – ou a qualquer pessoa – a teoria pudesse bastar), dando créditos aos colaboracionistas e peando os mais brilhantes, é decisiva para a construção de uma nova personagem clássica. O grande problema é que a autora não criou as suas personagens a partir do nada...

O *happy ending* (pelo menos provisório) conforta-nos. O grande problema da realidade e da história por contraposição à ficção é que não dominamos o final. Contudo, há que trabalhar para um bom final.

E isso faz-se também aprendendo as grandes lições de virtude de Harry Potter, tão caluniado por quem não o lê ou não o entende. E rindo, rindo, rindo muito, de personagens caricatas, como a grande inquisidora educativa (acho que era esse o nome no filme), do país dos bruxos, que confessa não gostar de crianças.

E por falar em educação. Como seria excelente que o modelo das nossas escolas fosse aquela justa e livre escola de bruxos... Não falo do estilo da casa, dos uniformes ingleses, que são soberbos. Mas da variedade dos mestres. Como é belo ver a pedagogia livre em acção! E como é esclarecedor, no filme, a formatação que a inquisidora impõe, a bem da mediocridade e do controlo...

E enquanto o fundamentalismo não entende a aludida estratificação mental, garantia de tolerância, na escola dos bruxos, e em casa de bruxos comemora-se o Natal. Sem complexos... Com todo o sincretismo que é preciso neste mundo confuso e belo... Perdão, naquele mundo confuso e belo. E os *reis magos* não são *magos*?

1.15. INTERCULTURALIDADE(S)

O filme *The Namesake* ("O Bom Nome") de Mira Nair é uma reflexão inteligente sobre muitos aspectos importantes da vida e da sociedade contemporânea, em que as culturas comunicam e conflituam, mas também se fundem em mestiçagens sempre surpreendentes e normalmente enriquecedoras. Um dos problemas principais do futuro será precisamente o das diversas opções, a vários níveis, entre um impossível isolamento cultural, uma totalitária uniformização cultural, e fórmulas mais ou menos matizadas de trans– ou multi-culturalismo.

Vi o filme de Mira Nair imediatamente antes de ir ao Brasil (sociedade variegada e multicolorida por excelência) para novos labores académicos, e confesso que fui com algo atravessado na garganta.

O que vou confessar não é de bom tom cultural, e pode colocar em perigo a minha reputação. Mas, como tenho pacto de sinceridade com os leitores, não vou mascarar a minha angústia. Não direi como, para não tirar interesse ao filme, mas a trama em grande medida se tece com um condimento literário inusitado, que é a razão dessa minha angústia e confissão.

Um dos principais protagonistas, um indiano professor nos EUA, cita, a vários propósitos, um conto de Nikolai Gogol, *O Capote*. Já por aqui se vê a mescla cultural que na película aparentemente teríamos.

Aparentemente porque *O Capote*, apesar de se alimentar de cor local de São Petesburgo, e de espelhar a burocracia e a sociedade russas do séc. XIX, é um conto insofismavelmente universal, retratando, de forma muito inteligente, o drama humano, demasiado humano, da mediocridade e, no limite, o problema do sentido ou do absurdo da vida. *O Capote* não é, assim, um conto russo. É um conto escrito por um russo de origem ucraniana, que por sinal começou como o seu anti-herói, Akaki Akakievitch: modestíssimo funcionário da burocracia ministerial. Mas conhecer e ter vivido no ambiente que se retrata (e satiriza) pode não ser confinação, antes rampa de lançamento, para a universalidade.

Mas afinal, quando vem essa confissão? – perguntará o justamente impaciente leitor. Aqui vai: eu deveria hipocritamente fazer como se deve, dizendo que, após ter visto o filme, ficara com ganas de *reler O Capote*. Pois não. Eu nunca tinha lido *O Capote*... Confissão feita.

Num intervalozinho, em São Paulo, corri a uma grande livraria e pedi *O Capote*, de Gogol. Mais uma peripécia intercultural: o livreiro, lido e culto, talvez desatento ao meu "sotaque", desculpou-se – ou apenas brincou: "– Só temos em português de Portugal". Ao que respondi, carregando a dicção: "– Não tem problema, eu vou entendendo...".

Pela noite dentro, depois de uma conferência que terminara já tarde, devorei de um fôlego o clássico.

E não resisto a transcrever o início, que só por si demonstra como há literatura universal:

"Na Repartição de... Mas será melhor não a nomearmos, porque nada há mais susceptível do que os nossos empregados públicos, desde os amanuenses aos chefes de repartição. Actualmente, cada um sente-se em particular como se na sua pessoa toda a sociedade tivesse sido ofendida. Diz-se que um capitão da polícia apresentou, ainda não há muito tempo, uma queixa – não me recordo em que cidade isto se passou – revelando claramente que os decretos imperiais eram desdenhados por toda a gente e que o santo nome de um oficial era proferido com desprezo. E juntava, como prova, o volumoso tomo de certa novela em que, de dez em dez páginas, aparecia um capitão da polícia, e, o que é demais, em completo estado de embriaguez. Deste modo, para evitar desgostos, em vez de indicar a repartição onde ocorreu o facto, é preferível dizer apenas: 'Numa repartição...' Por conseguinte, 'numa repartição' servia 'um funcionário'. Esse funcionário, é justo dizê-lo, era muito distinto: de estatura baixa, um pouco picado das bexigas e igualmente um pouco curto de vista, com uma pequena calva a principiar na testa, rugas nas duas faces e, no rosto, essa cor característica do hemorroidal ... Que se lhe há-de fazer: A culpa era do clima de São Petersburgo. Pelo que se refere à sua categoria (pois é entre nós a primeira coisa que se menciona), era o que se designa por 'conselheiro titular perpétuo', um daqueles com que satirizam certos escritores que têm o benemérito hábito de cair a fundo sobre os inofensivos." (adap. da trad. na *Internet* da *virtual books*, terra).

Compliquemos: Será que o pomposo Conselheiro Acácio do nosso Eça é *primo* do pobre Akaki Akakievitch? De qualquer forma, são ambos transculturais.

1.16. CONGRESSOS & COMUNICAÇÃO

Os Congressos, colóquios, simpósios e outros eventos académicos andam na moda. Além da benemérita função de engalanarem *curricula*, e de darem um trabalho danado a quem os organiza – falo por experiência de relapso e impenitente – dividem-se as opiniões sobre as suas demais virtualidades. Uns, acham que são perda de tempo, distracção das altas tarefas da investigação e/ou da docência; outros, exaltam a actividade como vera quintessência do saber.

Penso que a verdade andará algures no meio dos encómios de concílio dos deuses da ciência, por um lado, e dos anátemas de vã e deletéria actividade excursionista, por outro.

Há colóquios e colóquios, conferências e conferências. Certo é que muito se pode sempre aprender, se se estiver com atenção. Mas contra a atenção nestes *fora* militam várias coisas, infelizmente.

A primeira é o compacto de informação, em pouco tempo. Os organizadores (e aqui vai também o meu *mea culpa*), normalmente por falta de verbas, concentram intervenções múltiplas em poucos dias, e o efeito é de ruído. Por isso é que tem de haver maus professores de vez em quando: para fazer os estudantes descansar das aulas dos bons, que são, como as boas conferências, naturalmente extenuantes.

Outra razão é para mim um mistério agravado de falta de aprendizagem, precisamente onde aprender, e desde logo com os próprios erros, deveria ser normal: há sempre uma certa percentagem de oradores meio autistas, que levam para o púlpito ou para a mesa da presidência um papel sobre que pregam os olhos, e sem mais debitam, em monocórdica enchurrada de palavras, sem a mais pequena comiseração pelo público, um recado que assim muito ganharia em ser lido por um computador.

Quando penso que as organizações de congressos gastam milhões em passagens de avião, hotéis, restaurantes e até, por vezes, num *cachet* que pode em certos casos ser razoável, para que tais matutos venham ler o que qualquer amador de teatro declamaria afinal muito melhor, penso nas vantagens da video-conferência, e mais ainda na falta de educação retórica em que todos vivemos. E não só em Portugal. O único país em que dificilmente recordo intervenções deste tipo é o Brasil. Aí, ler um papel num evento é já meia heresia, e seria heresia completa lê-lo mal, rotineiramente, sem expressão e consideração pelo público.

COMUNICAÇÃO & DIREITO

Vim de um périplo grande de conferências, de Porto Alegre a São Paulo, de São Paulo a Londres. Com muitas coisas novas e boas na bagagem. Valeu a pena. Mas nem todos têm sorte nos seus congressos.

Pouco antes, tinha estado em Atenas, onde um colega polaco me presenteou, num intervalo (aprende-se imenso nos intervalos dos congressos – alguns só valem mesmo por isso: mas não foi o caso) com um presente régio, que quero partilhar aqui. É uma verdadeira teoria dos congressos. Neste texto se resume toda a sabedoria sobre o assunto no plano crítico, embora não superando o romance académico *Small World*, de David Lodge.

Um dia espero escrever uma *Apologia dos Congressos*. Mas isso depois de dar um tempo de descanso, porque já em Outubro e Novembro tenho mais uns tantos, e amanhã mesmo já mais uma conferência, e fora do Porto...

Traduzo livremente, a partir da tradução francesa:

"Como se sabe, os sábios dividem-se em duas categorias: estacionários e ambulantes. Os estacionários consagram-se como outrora a diversas investigações, enquanto os ambulantes participam em todo o tipo de conferências e congressos internacionais. Reconhecem-se facilmente os sábios da segunda categoria. No forro da sua roupa trazem um pequeno cartão de visita contendo o seu nome e títulos universitários, e têm sempre nos bolsos os horários das linhas aéreas. Utilizam cintos sem partes metálicas e mesmo as suas pastas têm fechaduras de plástico. (...) Estes sábios estudam a literatura especializada nos autocarros das companhias aéreas, nas salas de espera, nos aviões e bares de hotel. (...) As conferências científicas modernas devem também sofrer com a explosão demográfica. Sendo certo que o número de futurólogos cresce à mesma velocidade que a totalidade da humanidade, a balbúrdia e a afluência reinam nos seus congressos. Não deveria pôr-se a questão de se proferirem oralmente a totalidade das exposições; cada um deve, assim, delas tomar conhecimento previamente. Contudo, não tivemos tempo para o fazer de manhã, já que os nossos anfitriões nos convidaram para beber um copo

(...)" (Stanislaw Lem, *Le Congrès de Futurologie*, Paris, Calman-Levy, 1976).

Nunca fui a um congresso de futurologia. Mas consigo adivinhar...

1.17. PSICOLOGIA DO ARTICULISTA

Muitos professores e investigadores universitários nunca gozam férias, e alguns (como o químico Kekulé) trabalham *mesmo a dormir*: e ainda há quem ache que fazem pouco... Mas isso são outros contos, e muito largos e tristes.

Pausa lectiva, tempo propenso a reflexões, autognoses, balanços. Deito-me, assim, no divã, e começo a divagar em "pena alta", como se fosse "voz alta":

Nós, os articulistas, somos, apesar de tudo, uns optimistas. Ou então acreditamos na magia das palavras. O que vem a ser o mesmo.

A maioria esmagadora das crónicas que vou lendo – e eu gosto muito de crónicas e leio-as com verdadeiro deleite, mesmo quando são medíocres... – parte de uma concepção do Mundo (*Weltanschauung* deveria dizer, para ficar mais imponente), e, ao chocar com o mundo que está aí, muito correntemente critica-o. Pode fazê-lo com azedume ou leveza, com perfídia ou com *fair play*, com humor, ironia ou sarcasmo ou com laudas cinzentas de chateza infinda, com inflexibilidade e dogmatismo e até chegando ao insulto, ou com condescendência e até compaixão. Mas é muito normal que critique, e muito frequente, entre nós, que zurza.

Pois bem. Se cada cronista tem uma concepção do Mundo que dá por boa, e se cada cronista está de mal com o mundo, porque continuamos a querer mudar o Mundo, escrevendo, escrevendo muito, e sempre? Se ele pouco muda...

Será que queremos mesmo salvar o Mundo? Ou será que nos queremos salvar do Mundo? Por vezes, fico com a sensação que os meus artigos (que digo eu? Mesmo alguns dos meus livros) pouco mais serão que um ditar para a acta do meu descontentamento.

Há decerto nos articulistas uma tendência para a intervenção. Desde pelo menos Camões que a outra mão, a que não segura a espada, empunha a pena. A pena é a nossa espada... Mas a intervenção do colunista é mediata. Não se fazem já revoluções com artigos. E a necessidade que o colunista tem de agradar ao seu público (que por vezes é apenas um público virtual, construído na sua cabeça) nem sempre o deixa dizer o que quer e como quer. Pessoalmente, lamento muito, Senhor Público, mas vou continuar a ser só e apenas o único censor da minha prosa. Porque, naturalmente, também eu escrevo "-ortado", quer dizer, cortado. E ainda bem, confesso. Escrever tudo o que nos vem à cabeça numa coluna livre todas as semanas poderia ser perigoso, e mais que isso, inconveniente. É preciso escrever "-ortado" por vontade própria. Por exemplo, eu decidi "-ortar" a minha escrita de algumas coisas: nunca escrever sobre *fait divers* que não sejam mesmo e só *fait divers* inofensivos... como coisas do quotidiano. E decidi não escrever com paixão excessiva. Mas cada um escolhe o seu estilo.

Por vezes, leio certos artigos e pergunto-me: a quem interessará a temática, para além do seu autor e de um círculo restrito de amigos ou familiares, apenas porque é ele o autor? Outras vezes, leio outros artigos e interrogo-me: se o Mundo real fosse realmente como este autor o vê, gostaria de mudar-me para o planeta mais longe que houvesse na Via Láctea, ou para além... Provavelmente, uma ou outra coisa pensarão outros do que eu escrevo. E assim é que está bem. Pelos artigos que escrevem, as pessoas se mostram, se apresentam. Se desnudam mesmo. E há, felizmente, artigos para todos os gostos.

Mas voltemos às motivações. Por dinheiro não se escreve. Creio que possa haver quem escreva por vaidade. Mas mesmo essa não levaria a uma colaboração de meses, de anos. Que dá trabalho, e frigir de miolos.

Há os que querem justificar-se e/ou converter (sobretudo se são missionários da política, de religião, ou de qualquer outra actividade proselítica). Há os que querem salvar a alma ética, ou científica, ou cidadã, os tais que escrevem para a acta.

Mas certamente todos descobriram o prazer da escrita. A possibilidade demiúrgica de fazer e refazer mundos no papel, o poder da utopia do escrever. Mesmo os que têm menor pendor romanesco e prosa mais sensaborona devem experimentar, ainda que inconscientemente, os gozos da criação. E como a criação é, afinal, catártica.

Sejam quais forem as motivações conscientes e assumidas dos articulistas, sejam quais forem as consequências sociais do que escrevem, uma retribuição apenas deve ser a todos comum: a catarse do escrever.

Montesquieu disse que nunca tinha tido um aborrecimento na vida que não tivesse passado com duas horas de leitura. Experimentem duas horas de escrita!

1.18. ARTE, INDÚSTRIA E COMUNICAÇÃO

Sempre houve na ribalta artística e literária, assim como na politica (na verdade, em todas), uns Pachecos queirozianos com fama de sábios e de génios, mas de quem jamais se viu obra. Esses pintores sem telas, arquitectos sem projectos, compositores sem pautas, em suma, e numa palavra que é metáfora para todos, autores de papéis brancos, em branco.

Proponho-me hoje pleitear contra exagero simétrico.

Não por simples jogo retórico. Embora útil. Na verdade, é um exercício salutar de perspectivismo e auxílio da dialéctica, pormo-nos do outro lado da verdade, e procurarmos ver as coisas do ponto de vista contrário.

Mas não o faço por gosto formal do experimentar diferentes pontos de vista, e pôr à prova os dotes argumentativos. Nada disso.

A verdade é que simultaneamente partilho de um e de outro dos pontos de vista. Partidário que sou do "justo meio" como lugar da virtude, entre dois exageros. Seguindo a ética aristotélica, pelo menos nesse ponto de defesa da moderação e do equilíbrio.

Pois se não podemos aquilatar da qualidade de um intelectual ou de um artista, de quem quer que seja, afinal, se não lhe conhecemos obra, se nunca o ouvimos abrir a boca, do mesmo modo a super-abundância pode toldar o entendimento, e dificulta, sem dúvida, a captação da totalidade.

Tal como para os vícios, tais como captados pelo Filósofo grego, também aqui um deles é maior que o outro em exagero. Estou em crer que é bem pior, no nosso caso, ter um poeta sem versos, e um escultor sem pedra liberta do que está a mais, que quem tenha muitos poemas e estátuas ou bustos em abundância.

Mas ainda assim pode haver exagero no fazer a partir de um certo número, volume, constância e ritmo produtivos.

Algumas produções, menores, deveriam ser tidas como simples "ensaios", "esboços", "exercícios", "esquiços", numa palavra – treinos. Não devendo ser dados a lume como se de obras acabadas e autónomas se tratasse.

Forte é a tentação de alguns autores, sobretudo depois de consagrados, para publicarem a lista das respectivas lavandarias. Precisamente porque o génio não pode estar sempre a congeminar, e sobretudo permanentemente a manar coisas geniais, é uma verdadeira tortura a pressão que os canais comerciais exercem sobre os autores, transformados em produtores. A arte (mas na verdade toda a produção cultural) passa a girar em torno de uma máquina infernal de consumo, em que o autor é apenas um dos alimentadores do monstro. Como bem advertiu, por exemplo, Anne Cauquelin, no seu agudo *L'Art contemporain*[1] (3ª ed., Paris, P.U.F., 1994), não só a arte é um "sistema", como a ideia de arte se torna "um obstáculo", e, sobretudo, a arte moderna é "o regime do consumo". Neste sistema, não só o modelo de excentricidade do "artista" (de todo o produtor, na verdade) é construído segundo protótipos gerados algures entre as representações (horizontes de esperabilidade) do público consumidor e os fazedores e excitadores da procura – críticos, intermediários, etc. O que significa que o bizarro do vestuário ou dos amores do cantor ou do pintor são tão *cliché* como o cachimbo e o laço pensativos do académico britânico… A artificialidade vai ao ponto de se reescreverem as biografias dos artistas.

O mercado pode apreciar um autor de uma obra só: sobretudo se for um mercado muito selectivo, um "nicho de mercado".

---

[1] CAUQUELIN, Anne – *L'Art contemporain*, 3ª ed., Paris, P.U.F., 1994.

Mas, em geral, não compensa. Lembremo-nos de que tantos autores tiveram que ressuscitar os seus heróis, depois de os terem morto, fartos que estavam deles. Nos primeiros casos famosos contam-se as reaparições do rocambulesco Rocambole... ou a de Sherlock Holmes.

O público quer os seus heróis, e o autor tem de dar continuação. "O *show* não pode parar" – diz o conhecido *slogan*, e não é só no espectáculo de variedades...

Por isso, a tendência é para a proliferação. Mais. Para o jogo de espelhos numa obra, que se reproduz a si própria. Biblioteca de Babel, a lembrar Jorge Luís Borges, o qual advertia já a abominação dessa reprodução de imagens nos espelhos.

Toda a Academia é muito propensa ao exagero de produção sem fim. Subliminarmente ao menos tem como lema "publica ou perecerás". Daí há muito quem vá reescrevendo mil e uma versões do seu único livro. Glosa, retoca, parte e reparte, condensa e alarga. Variações em torno de uma ideia, nem sempre original.

Doença simétrica à síndrome do papel branco. Há agora que comprar papel de cor ofuscante, que obrigue a sacrifico na autoria, a parcimónia na produção. Para higiene cultural, que é o contrário da industrialização da cultura, sem ética e sem estética.

1.19. QUEM TEM MEDO DO PAPEL BRANCO?

A escrita é uma obsessão: ora positiva, ora negativa. Dos que escrevem, e dos que não ousam fazê-lo. E dos que o fazem, mas parece que vencendo uma resistência tão alta e escarpada como a montanha de Sísifo.

Um anjo inconsútil nos agarra pelas espaldas e empurra para o branco do papel. Ai, anjo de lugares comuns... O papel branco é para uns desafio, e para outros traumatismo.

De vez em quando, assistimos a esse ritual bizarro, pelo menos surpreendente, de supra sumos literários e afins deplorarem o papel branco. O síndroma do papel branco, o trauma do papel branco, a barreira do papel branco, que isto, que aquilo. Ora,

ora... Qual é o escritor (e o "trabalhador da cultura" em geral) que tem mesmo medo do papel branco? Digo isto com o mesmo ritmo ou música com que diria: "Quem tem medo do Lobo Mau?"

Mito do papel branco. Isso é que é.

O papel branco, dir-se-ia em saborosa linguagem maoísta (hoje já meio arcaica por aqui), é *um tigre de papel*... E não podem deixar de me vir à lembrança todos os tigres célebres, de Blake, de Borges, do Calvin e Hobbes, esse que era a razão maior do nosso Agostinho da Silva ler o jornal. Gostava dessas tiras de humor.

E às tiras vejo eu o papel branco: tiras de tigre... de papel.

Deve ser um álibi curioso, esse do bloqueio do papel branco. Desconfio que é um tópico utilizado quando se não tem mais nada que dizer. Permitam-me corrigir: pode até ter-se muito que dizer, mas não ocorrer no momento em que nos perguntam (assim como podem perguntar-nos coisas que não estimulam o que de verdadeiramente importante temos em nós). E aí, aí sim: há uma barreira, um bloqueio. Julgo que é o geral bloqueio da comunicação social. O qual leva qualquer sábio a debitar banalidades.

Ponham um prémio Nobqel da Medicina a falar da obra do prémio Nobel da Paz, ou vice-versa, e verão o que normalmente dará... Com raras e honrosíssimas excepções, evidentemente... sobretudo de médicos e pacifistas que nunca chegarão a Prémios Nobel (quanto mais não seja por falta de longevidade... como com graça teria comentado Hayek, jurista de formação e Nobel da Economia: que recebeu o prémio apenas em 1974 – *ex aequo* com Gunnar Myrdal -, apenas dois anos antes do mesmo ser atribuído ao seu "discípulo" Milton Friedman).

Tenho assistido a essa banalização da sabedoria com muitos vultos de relevo. Isto de ser mediático obriga a baixar tanto o nível que já pouco resta. Há excepções, naturalmente. E elas devem decorrer, evidentemente, da arte comunicativa e da exigência do "artista", mas também de outro factor mais simples e mais democrático: é que, com o tempo, a habituação às câmaras e outros instrumentos, a mensagem deixa de ser tanto o meio, para o meio se submeter a uma mensagem prévia – isto, sobretudo, no plano do pensamento.

Proponho pois que falemos, alternativamente, do *bloqueio mediático* e do peso do *mediaticamente correcto* sobre o que pensamos. É preciso coragem e presença para pensar diferentemente de toda a gente quando se é entrevistado para a televisão, até para a rádio...

E acresce o problema do tempo. Limitados a um *soundbyte*, os entrevistados a custo conseguem expressar um pensamento autónomo. E, quando o esboçam, as frases podem ser truncadas para que digam o que toda a gente diz, ou o para que a personagem em causa desempenhe o papel que lhe distribuíram na farsa ou na tragicomédia. E terá sido por lhes repugnar este constrangimento que, por exemplo, ao que parece, o antigo chanceler alemão Helmut Schmitt entendeu dever retirar-se das lides políticas mais imediatas. É que, ao que consta, não conseguiria exprimir-se devidamente com as limitações que se lhe impunham... ou não se via retratado no que lhe atribuíam.

O papel branco, ao contrário da constrição apertadíssima do tempo de antena nos *media* mais imediatistas, é uma libertação. No mesmo papel branco pode redigir-se um *hai-ku* minúsculo ou a obra monumental de Camilo Castelo Branco. Um telegrama ou *Guerra e Paz...* (para parafrasear um símile de António Alçada Baptista, na sua *Peregrinação Interior*). O papel tudo comporta, como se dissesse: "espraia-te, se quiseres; sê conciso, se te apraz".

Serão, na escrita, os "génios" literários, filosóficos e das ciências sociais, humanas e normativas (pelo menos), sem obra publicada, ou de um só livro (*timeo hominem unius libri*), comparáveis ao Pacheco do Eça, na oral?

Aos que têm medo do papel branco proponho que comprem papel de cor. Há no mercado toda uma gama, qual arco-íris.

1.20. POESIA E DIREITO

A Língua Portuguesa é língua de poetas. O lirismo está-lhes nas veias, nos olhares perdidos e profundos, na memória, nos mares e ventos míticos, nas brisas e nas brumas: nomes e lugares da nostalgia... De Saudade! Da nossa Saudade, dessa que nos dizem própria, e até *diferença específica* nossa, algo que nos faria diferentes dos demais.

Todo o menino e menina, na idade certa, mesmo que (como hoje parece ser regra mais que excepção) cometa irreprimíveis erros de ortografia e sintaxe, lá se põe olhando a lua e suspirando versos à amada ou ao amado: real ou imaginado... São ritos a cumprir.

Ou eram...

Era assim ainda no meu tempo (apesar da revolução por que passei ter sido tão pouco romântica no sentido próprio como por vezes demasiado no sentido metafórico: mas haverá revoluções demasiado românticas?), e foi assim antes de mim. A nova civilização, do *hamburguer*, da cola, dos ténis e da barulheira em vez de música, essa que já foi dita "geração rasca" (na versão mais ácida), deve ter dado golpe de misericórdia a essa tradição nacional de fundas raízes. Essa geração (que não é, na verdade, e felizmente, uma geração inteira) já não poderia ser considerada portuguesa, nem nada... Seria, isso sim, uma invasão de bárbaros: e de dentro. E já não seria apenas uma geração. Mas outro mundo. Um outro mundo. *Brave new world* que começa.

Há, evidentemente, felizmente, boa gente ainda muito aprumada, séria, trabalhadora, criativa, comprometida civicamente, culturalmente esclarecida: promissora, enfim. Mas os desse grupo que segregação e humilhações não sofrerão! E o "ainda" está a mais. Há hoje jovens muito melhores que dantes.

Seja como for, os Portugueses ainda vivos, os Portugueses ainda activos, desde os mais anciãos aos da minha idade, e um pouquinho menos... esses ainda são grandes poetas. Não por fazerem epopeias todos os dias. Mas porque são espontaneamente poetas. Esperemos que comecem a aparecer grandes poetas de entre os mais novos mesmo. Tem de havê-los. E a minha curiosidade é enorme, confesso.

Na minha infância, houve um programa televisivo que se chamava, ao que recordo, "Grande Poeta é o Povo". Só me lembro mesmo do título, mas presumo que seria um certame de poemetos populares, certamente quadras. O título é feliz. Mas será que o povo continua poeta, ou agora só pode ser poeta uma elite?

Poder-se-ia indagar historicamente, raízes e essências nacionais, doiradas certamente pelos mais nobres pergaminhos. Dizem que os vetustos Túrdulos, nos Algarves, tinham leis em verso, e Guerra Junqueiro desejou que redigíssemos em verso a Constituição da República... Esse seria um começo possível. E depois há a tradição oral. Com essa muito se aprende...

Os versos repentistas (ou aparentemente tais) são dos mais interessantes. Permita-se-me que cite de cor. As trovas do Aleixo: tão certeiras, tão sábias:

"Sei que pareço um ladrão

mas há outros que eu conheço

que não parecendo o que são

São aquilo que eu pareço"

Ou aquela do Bocage, interpelado em Lisboa, altas horas da noite, por piquete da polícia:

"– Quem és? Donde vens? Para onde vais?"

E Elmano Sadino, sem pestanejar:

"– Sou o poeta Bocage,

venho do café Nicola,

e vou para o outro mundo,

se disparas a pistola."

Nem só os clássicos (mais ou menos modernos) fazem destas rimas que brotariam da nossa alma, dita céltica... ou arábica (dois povos de poetas).

Isso não se perdeu inteiramente, mas parece que só devido a ciência infusa. Por essas alturas dum Natal frio, alguém que eu não tinha por poetisa entrou numa loja.

"_ Em que posso servi-la? "– solícito, o empregado. Será que disse mesmo assim, ou estarei a "literarizar" um empregado já desses menos bem educados?

"– Hmmm...

Umas luvas cor de mel,

com uma parte em malha

e outra parte em pele".

Ficou o estribilho. Quanto aos versos serem poesia, é outro problema. Mas não há dúvida que são engraçados.

Mesmo os sisudos juristas são, em Portugal (embora também noutras paragens – e desde logo no Brasil), poetas por vocação. Fica um aperitivo para o tema, num poema de António Ribeiro dos Santos, grande jurista português do séc. XVIII, portuense, e por isso tendo tomado o nome arcádico de Elpino Duriense:

"Vós perguntais as razões

Porque tenho noite e dia

Sobre a meza em companhia

As Pandectas e o Camões:

He, se vós o não sabeis,

Que a leitura do Poeta

He correctiva dieta

Depois de ter lido as Leis."

2. Do rito à literatura em direito

2.1. RITO, DIREITO E PODER

2.1.1. Dos ritos

Os ritos ou rituais são *metodologias*, etimologicamente "caminhos para algum lugar ou alguma coisa"; embora possam ser "passos em volta" (Herberto Helder) que aprofundam ou reactualizam ou redespertam os caminhantes ou caminheiros. Por práticas aparentemente simples, ou por vezes carregadas de pompa e circunstância – depende dos casos – quem "sacrifica" a um ritual (dos rituais também se pode dizer serem "sacrifícios") entra no "mistério" das coisas mais profundas, ou, ao menos, é partícipe dessa encenação ou "liturgia" do "mistério". E como se dizia dos de Elêusis, nos mistérios há certas coisas vistas, certas coisas ouvidas, certas coisas feitas.

Embora haja uma tendência para associar imediatamente os rituais aos fenómenos religiosos (de re-ligação dos homens com a divindade, as divindades, ou, mais em geral, o sagrado – *mana*, *ganz Andere*), os rituais tanto podem ter essa marca específica do transcendente religioso ou mítico-religioso, como serem mais "civis", profanos (de coisas mais fanéricas, mais "mostradas" – ou, no mínimo, a si mesmas consideradas não transcendentes ou metafísicas).

Contudo, observar-se-á que, precisamente, há uma comunhão de alguma sacralidade, mistério (agora no sentido de crypticismo, por oposição a fanerismo) entre o ritual civil, e até cívico, e o ritual fechado no *sancta sanctorum* do mundo religioso. E que por mais que se queira "desdramatizar" e também – há que dizê-lo – laicizar e desssacralizar o ritual "profano", pelo simples facto da iteratividade dos passos e da sua importância formulária (o *ne varietur* das fórmulas é sinal de algum poder especial das mesmas: ou parece sê-lo) os rituais voltam. A galope ou a passo, mas sempre voltam.

Há muitos tipos de rituais social ou antropologicamente considerados. Ritos de criação (como aqueles a que se dão os homens que fingem ter dores de parto – tê-las-ão – enquanto suas mulheres estão nesse trabalho, em algumas tribos), ritos de renovação (como os ligados às estações do ano), ritos de passagem (como a circuncisão), ritos de iniciação (como antigamente eram as provas académicas: hoje cada vez menos), ritos de pacificação (como o perdão) ou apaziguamento (alguns deles comuns aos animais, como o oferecimento, pelo lobo vencido ao vencedor, da veia jugular: e o vencedor normalmente não mata), etc.

2.1.2. Ritos jurídicos e afins arcaicos[2]

Ora também há ritos de decisão de conflitos.

O primeiro caso de um ritual arbitrador de conflitos, embora não pareça muito sê-lo *prima facie*, é – obviamente – a guerra.[3] A guerra era primitivamente, e continuou a sê-lo por muito tempo, um apelo para Deus ou para os deuses, para que permitisse o triunfo de quem tinha razão ou devoção capaz de merecer o seu favor. Hoje o apelo pode ser menos explícito, mas é quase sempre em nome de uma divindade que se faz a guerra: essa divindade pode ser, actualizadamente, a Liberdade, a auto-determinação, a amizade com povos que nos chamam a ajudar, ou a defesa dos Direitos Humanos. Sempre motivos transcendentes.

Este ritual "macro" social e político tem o seu correlato no mundo arcaico (e ainda com resíduos depois disso) noutras manifestações, que são já processuais, como os juízos de deus ou

---

[2] Cf., por todos, FINLEY, M. I. – *The World of Odysseus*, New York, The Viking Press, trad. port. de Armando Cerqueira, *O Mundo de Ulisses*, Lisboa, Presença / Martins Fontes, 1972; FOUCAULT, M., *A Verdade e as formas jurídicas*, trad. port. de Roberto Cabral de Melo Machado e Eduardo Jardim Moraes, 3ª ed., 2ª reimp., Rio de Janeiro, P.U.C. Rio, Departamento de Letras / Nau Editora, 2005.

[3] Sobre a guerra, hoje, em geral, FERREIRA DA CUNHA, Paulo – *Direito Constitucional Aplicado. Viver a Constituição, a Cidadania e os Direitos Humanos*, Lisboa, Quid Juris, 2007, p. 355 ss.

ordálios: em que a verdade judiciária se apura segundo sinais que são dados mediante determinados procedimentos-limite, os quais como que interpelam o divino ou o sagrado, para que intervenha, mostrando-se, revelando-se em algo que poderá ser interpretado. Ou seja, os juízes não julgam segundo a razão, a consciência, os princípios, as leis, e sobretudo as provas, mas têm como prova uma "provação" a que o ou os demandados são sujeitos, para que os sinais da encenação ou do jogo (cujas regras normalmente definem de forma prévia) determinem a solução.

Áugures e outros interpretadores de sinais também poderiam fazê-lo; mas há uma diferença. No ritual associado ao judicial há uma intervenção do próprio demandado, na verdade réu e objecto do processo, e não simples perscrutação de astros, aspectos do céu, entranhas de vítimas ou análogas adivinhações por sinais exteriores às "partes" procedimentalmente envolvidas.

O duelo é outra manifestação ritualística muito significativa. Porque chegou quase até nós. Apesar da célebre proibição pelo Cardeal Richelieu, em França, Oliveira Salazar, enquanto presidente do Conselho de Ministros, ainda teria ensejo de emitir uma nota algo irónica, a nossa ver, em que proibia um duelo entre dois oficiais (um deles seria, salvo erro, o Dr. Sousa Tavares, Pai, então, ao que julgamos, oficial miliciano), invocando, em pleno Estado Novo, os "costumes do Reino"...

O duelo coloca as duas partes do processo face a face, com testemunhas, hora e local determinados, regras para o desafio (por exemplo, a bofetada, tão célebre em Corneill), escolha das armas, etc. Nesse ritual, há passos a dar, como em todos (veja-se quando, no duelo à pistola, costas com costas, as partes têm de se afastar, e dar, precisamente, um número certo de passos). Os acontecimentos são cronometrados. Só se dispara quando se recebe ordem para tal. E em certos casos, por exemplo nos duelos com espadas e afins, basta a efusão de sangue por parte de um dos contendores para que se possa pôr fim à prova.

"Que ganhe o melhor!" – acaba por ser prova toda a competição. Que também é ritual. Mas tal afastar-nos-ia do nosso presente objecto de estudo.

Finalmente, o juramento, que ainda hoje utilizamos, e em ocasiões solenes, é outro dos "institutos" desse direito arcaico, pré-jurídico, como que pré-sinalagmático, e pré-objectivo (em que a propriedade e o contrato se apartaram, e se apartaram do dom, da hospitalidade com troca de obséquios, etc.). Se bem virmos, todos são hoje revestidos de um carácter ritualístico muito grande. A guerra é o único que, pela sua actualidade, não será à primeira vista detectada como tal. Embora o seja nas suas versões dessacralizada, a guerra eleitoral e os desafios desportivos, sobretudo de selecções nacionais.

2.1.3. Rito, etiqueta e corte

O rito não se associa apenas a religião. Também se associa, e fortemente, ao poder, ao poder *tout court*, sem aparente ou muito aparente sacralidade.

Mesmo ao nível social aparentemente "civil", a ritualização implica poder.

As normas de etiqueta, como as de etiqueta à mesa, por exemplo, desde há muito, mas significativamente retomadas, na Europa, pela *Civilidade Pueril*, de Erasmo, são também rituais de cortesia, que têm como fim estabelecer padrões de comportamento que, pela sua regularidade e expansão social, permitissem evitar choques e melindres, formatando entretanto os comportamentos, impondo-lhes o culto da ordem. É aliás muito esse o sentido de todo o ritual.

Diz-se que a instituição de severos protocolos e precedências na corte francesa foi sobretudo feita de caso pensado para sujeitar a nobreza, para a ocupar em coisas supérfluas, para a fazer-se chocar por formas limitadas, e engrandecer através de processos rigorosos. O filme *Ridicule*, em que se glorifica o *esprit* francês, o nosso "espírito",[4] bem diferente afinal do humor britânico, dá-nos bem a noção do procedimentalismo de corte a que todos se têm de sujeitar, e da necessidade de brilhar e subverter a regra apenas dentro da regra: pelo *mot d'esprit*, que tem engenho e arte. Feito de subtileza e ironia, talvez sem poder facilmente chegar ao sarcasmo, esse *esprit* era apanágio da corte, e de

---

[4] Entre nós, *v.g.*, MALATO BORRALHO, Maria Luísa – *Ter Espírito ou A Espiritualidade do último cortesão*, in "Revista da Faculdade de Letras. Línguas e Literaturas", número temático sobre "Espiritualidade e Corte em Portugal, sécs. XVI-XVIII", Porto, Universidade do Porto, 1993, p. 217 ss..

outras cortes pelo mundo do *ancien régime*, tendo-se prologado até há algum tempo.

· Hoje, a cegueira generalizada, mesmo em sede jurídica, para a ilustração (proibiu-se a citação em latim em alguns tribunais de país civilizado, e há irritação noutros face à erudição), e sobretudo para a ironia, encurtou severamente as possibilidades de expressão: sobretudo da expressão face a poderes tirânicos, e especialmente nas micro-tiranias da nossa contemporaneidade, que a macro-democracia ainda não encontrou forma de debelar.[5]

2.2. RITO E PROCESSO PENAL

2.2.1. Memória e mito em processo penal

O processo penal moderno – falemos apenas desse – foi-se consolidando a partir, naturalmente, do princípio do fim da lei de talião, e do monopólio estatal da coacção.[6] Na Grécia, já as *Euménides* tinham assinalado esse enormíssimo triunfo da razão e da ordem (jurídicas, no caso) sobre o caos. As Eríneas vingadoras, símbolo do "olho por olho, dente por dente", dão lugar às Euménides pacificadoras, que julgam com distanciamento, porque imparciais, porque não decidindo em causa própria.

Mas a questão é recorrente no nosso pensamento ocidental. John Locke, por exemplo, explicará a necessidade da passagem do Estado de natureza para o Estado social, pelo contrato social, não com o argumento de os homens serem, quando livres e sem lei positiva e sem contrato, ou bons selvagens à Rousseau ou lobos uns dos outros, à Hobbes, mas pela ingência de se prevenir o excesso de legítima defesa resultante de não haver um poder superior que os moderasse, nas sucessivas, recíprocas e intermináveis vinganças de sangue.

---

[5] FERREIRA DA CUNHA, Paulo – *Direito Constitucional Aplicado, passim*, máx. p. 91 ss., p. 107 ss.

[6] Recordamos sempre com saudade as simples mas excelentes páginas sobre o assunto *in* FIGUEIREDO DIAS, Jorge de – *Direito Processual Penal*, I, Coimbra, Coimbra Editora, 1974, p. 24 ss.

O salto, a passagem, do ritual religioso para os rituais jurídicos poderá ser explicado quer historicamente, arqueologicamente, quer por uma arqueologia dos sentidos, por um trabalho de *armchair historian* ou *armachair anthropologist*... À míngua de estudos do primeiro tipo, pensemos como é natural que, mesmo em Roma, os processos e procedimentos sejam formulários, seguindo afinal no *agere per formulas*, o ritualismo exterior da religião civil romana, toda dada a essas manifestações puramente iterativas. Lembremo-nos ainda de que boa parte dos juristas romanos procedem das hostes religiosas, ou com elas têm conexões. O *cursus honorum* jurídico concreto de alguns grandes nomes comporta passagens por funções religiosas...

Recordemos ainda, recuando mais, que Direito e Religião, Magia, Mito, e afins se encontram, na génese da nossa civilização, entre os Indo-Europeus, indivisamente localizados na região da chamada "primeira função" social (ou política). E que dessa união primordial sempre resta alguma recordação.[7]

2.2.2. Processo penal e ritualizações

O processo penal, lidando com o que de mais profundo, obscuro, pulsional, visceral até, existe no mundo dos Homens, sendo o processo desse a que já se chamou "direito de morte"[8] – mesmo a pena de prisão é uma pena de morte civil, morte para o convívio: espécie de excomunhão, porque ex-comunicação – , não poderia deixar de reflectir alguns dos traços numinosos que ainda pairam, por vezes como fantasmas, num direito que, desde os romanos e Tomás de Aquino até, se desejou purificado (mas a que nem Hans Kelsen conseguiria purificar na sua *Reine Rechtslehre*). E de entre esses traços numinosos sobressai também o elemento ritual, o mais próprio desse direito adjectivo, como seria natural.

A natureza adjectiva do processo penal convoca o adjectivismo do ritual.

---

[7] Uma síntese do problema *in* FERREIRA DA CUNHA, Paulo – *Repensar a Política. Ciência & Ideologia*, 2ª ed., Coimbra, Almedina 2007, Parte I, Capítulo I, Secção 3.

[8] PUY, Francisco – *Tópica Jurídica*, Santiago de Compostela, I. Paredes, 1984. CUNHA, Paulo Ferreira da – *Droit Pénal, Droit de Mort*, in "Constats et prospectives / RICPDP", nº 3-4, Paris, 1992-1993, refundido in *Arqueologias Jurídicas*, Porto, Lello, 1996.

Evidentemente que existem princípios de economia processual, que existem comissões de reforma sempre empenhadas em dessacralizações eficientistas e em defesas garantísticas, coisas que consideramos sinceríssimamente excelentes, e em grande medida concorrentes e contrárias ao ritualismo.

E contudo o ritualismo persiste.

Ritualismo que se manifesta num complexo conjunto de elementos que criam um clima ritual. Porque o ritual depende também desse clima.

Ele é, desde logo, a arquitectura e a decoração de interiores judiciária. Outrora carregada de símbolos, de esplendor, grandeza e autoritarismo implícitos. O peso de murais com magistrados e jurisconsultos romanos graves, ou de crucifixos que já foram caso para polémica. Mais recentemente, o que mais ressalta em algumas salas de tribunal é a nudez frígida das paredes, o frio metafísico da ausência de símbolos, ou a solitária, e assim totalitária presença exclusiva dos símbolos estatais. Isto quando não se atemoriza o réu com a simples presença de uma mesa dos juízes em semi-círculo, como que a cercá-lo, embora a alguma distância, sentados em cadeiras de espaldares enormes e negros... Outrora, especialmente na Alemanha, nos assentos dos juízes pintavam-se admoestações aos maus julgamentos, com figuras de prevaricadores ardendo no inferno. Hoje os julgadores não têm tais advertências...

A própria disposição dos lugares nas salas de tribunal é arrasadora para o demandado. E é em grande medida uma disposição sacral, que lembra um templo, em algumas coisas. Só que aqui é face a face que se olha o julgador e o julgado.

Não pequena importância têm as vestes dos oficiantes. Que em tudo descendem, no nosso caso, de vestes talares religiosas, curiosamente não as vestes da liturgia, mas as profanas. Dir-se-ia que quem julga são clérigos em "hábitos seculares"...

Já Pascal se tinha apercebido com muita agudeza da importância *desta mise-en-scènes*, ritual, muito ritual, portanto:

"Os nossos magistrados conheceram bem este mistério. As suas togas vermelhas, os seus arminhos, em que se envolvem quais gatos agasalhados, os palácios onde julgam, as suas flores-de-lis, todo este aparelho augusto era deveras necessário; e se os médicos não tivessem sotainas e mulas, e se os médicos não usassem barretes quadrados, jamais teriam enganado o mundo que não pode resistir a essa montra tão autêntica. Se aqueles possuíssem a verdadeira justiça e se os médicos tivessem a verdadeira arte de curar, não teriam de fazer barretes quadrados: a majestade destas ciências seria suficientemente venerável por si. Mas apenas possuindo ciências imaginárias, é necessário que tomem estes vãos instrumentos que excitam a imaginação com a qual têm negócio; e dessa forma, de facto, suscitam o respeito".[9]

O ritual tem a ver ainda com o carácter litúrgico e colectivo do Direito penal, que no Processo Penal se actualiza e se faneriza: vem à superfície. É óbvio que o Penal é mais público, em todos os sentidos, que o Privado, como afirma Coing:

> "as épocas em que se verifica o primado do grupo são pouco favoráveis ao desenvolvimento do Direito – é nelas característico, quando não domine francamente o arbítrio, que haja muita administração e pouco Direito (...) Pode demonstrar-se isto mesmo na história jurídica romana, tendo em conta a distinção entre Direito Penal e Direito Privado na época clássica. O Direito Privado continuou a antiga tradição de liberdade, baseando-se igualmente nas instituições processuais republicanas; o Direito Penal levava em si o espírito do principado, i.é.,o espírito de um despotismo previdente".[10]

Coing o diz... Mas não se pode esquecer que hoje o Direito Penal (e o Direito Processual Penal, que lhe é gémeo), é, em Portugal, graças em grande medida ao Prof. Doutor Figueiredo Dias, ao seu magistério e aos seus discípulos, um direito perfeitamente constitucionalizado, e por isso um direito realmente sintonizado, pelo contrário, com "uma concepção personalística

---

[9] PASCAL – *Pensées*, 104 (369), in *Oeuvres complètes*, texto fixado por Jacques Chevalier, Paris, Gallimard, "La Pléiade", 1954, p. 1118 (tradução nossa).

[10] COING – *Grundzuege der Rechtsphilosophie*, p.141, *apud* António Castanheira Neves, *Introdução ao Estudo do Direito*, Coimbra, policóp., p. 41.

do Direito, (...) uma concepção social do Estado e (...) uma concepção democrática do Processo"[11]

2.2.3. A Contemporaneidade entre rito, ritualismo e dissolução

O uso vazio, dogmático e acrítico, conservador no pior sentido do termo dos textos, das fórmulas e da sua recitação, o emprego abusivo e acéfalo de formulários, a antecipação do "tribunal electrónico" de Papini pela simples e oca jurisprudência mecanicista de que fala Holmes, é um risco muito grande, até pelo facto de, como sabemos, e entre nós Braz Teixeira recordou, ser o positivismo a filosofia espontânea dos juristas.[12] Que pode ser, senão ritualismo levado ao seu mais absurdo sem-sentido esse postivismo legalista que se acolheu à sombra da divisa do Jurisprudência romana decadente *dura lex sed lex*? O mecanicismo jurídico, de que é exemplo algum positivismo legalista mais pedestre, é, assim, com todo o rigor, uma forma de farisaísmo jurídico.

Evidentemente que, como observou Warat, o mundo jurídico moderno tem operado também alguma "profanação do sagrado": a contemporaneidade oscila, assim, entre a pureza do rito, o exagero e o sem-sentido da ritualização (ou do ritualismo) e a ignorância e petulância dos que crêem poder de todo prescindir do rito, que só conduz ao desnorte e à dissolução. Lembremos, a propósito, Albert Camus e Vaclav Havel,[13] que nos exortavam a criarmos novos mitos, logo, novos ritos – porque o rito é a "encenação" do mito, um "texto ritual".

Mas, em grande medida, é esse precisamente o grande problema existencial do Direito. Enquanto Direito, Direito mesmo, com maiúscula, *Ius*, ele comunga do sagrado. Diz o Digesto que os juristas são sacerdotes... E coisa muito diferente do Direito é a engenharia ou tecnocracia das Leis. Isso seria o seu rebaixamento, a sua funcionalização tecnocrática. Contudo – e aí tem

---

[11] FIGUEIREDO DIAS, Jorge de – *Direito Processual Penal*, I, p. 9.

[12] TEIXEIRA, António Braz – *Sentido e Valor do Direito. Introdução à Filosofia Jurídica,* 3ª ed., Lisboa, Imprensa Nacional-Casa da Moeda, 2006.

[13] HAVEL, Vaclav – *Avons-nous besoin d'un nouveau mythe ?*, in "Esprit", nº 108, nov. 1985.

que se contornar muito bem os conceitos e seus escolhos para se não cair num paradoxo – o próprio Direito nasce da necessidade do *Isolierung*, de uma certa laicização. O Direito não pode ser uma religião ou uma moral armadas; não é o "braço secular", que derrama o sangue que o outro braço se recusa a verter: *non omne quod licet honestum est.*

Mesmo que se propenda (e cremos que deve propender-se) para um processo em geral, e um processo penal em particular, desprendidos da *mise-en-scènes* ritualística e mágica, não mais confundindo dignidade com esmagamento simbólico e agressão simbólica, não se poderá cair no exagero contrário. A Justiça implica sempre alguma dignidade, algum *decorum*.[14]

Há tempos, há modas, há climas, e há mudanças de valores. Sabemos isso. Mas as paredes das Casas do Saber, como as das Casas da Justiça, não deveriam ser chocadas pelo excessivo fanerismo dos passantes, nem despirem-se de símbolos, nada lhes sugerindo.

É na verdade uma tarefa de Sísifo simplificar, agilizar, humanizar o processo e ao mesmo tempo garantir o *respeito* pela lei penal, não pelo medo, mas pela reverência, a qual dificilmente se compatibiliza com as coisas *pro-fanadas*. O Homem é um animal de ritos. E quantas vezes o próprio crime não será um ritual catártico qualquer, ainda que de um deus perverso e que leva à perdição.

2.3. MAGIA, DIREITO E PROCESSO PENAL

2.3.1. Demiurgia e bruxaria

Apesar de todas as prevenções, de todos os arcaísmos, até de todas as distorções que pode propiciar, há ainda lugar, no Direito do futuro, para o Rito. E há muito lugar mesmo. Obviamente, há

---

[14] E se virmos a forma como hoje se comportam, por exemplo (até como se vestem), alguns membros da comunidade académica nas Universidades (e não são apenas estudantes), pelo Mundo fora, compreenderemos que há vantagem em que os lugares de algum culto (como as universidades, que deveriam prestar culto ao saber) preservem esse mínimo de decoro. A muitos níveis. Sem, obviamente, se dever confundir esta reflexão com qualquer fundamentalismo ou conservadorismo.

lugar e há necessidade de novos ritos, que terão de corresponder a nova mitologia jurídica dominante.

Porquê esta defesa do rito no Direito? Porque não se trata, afinal, apenas do ritual, mas de verdadeira magia. O Direito é mágico, é demiúrgico. O Direito transforma. Tal como a política, mágica por excelência, criadora por vezes a partir do nada, o Direito tira ilações e conseqüências jurídicas quer de factos jurídicos, quer de simples factos naturais.

Perante o pombo em vôo, o jurista observa: "eis um imóvel por destinação!"

Ficções jurídicas não nos são desconhecidas. E um razoar muito especial, feito de um convívio e um conúbio de séculos com a Retórica, essa subtil arte de persuadir, mas também de organizar o discurso e as ideias.

A magia está em marcha no Direito, "a mais poderosa escola de imaginação", como dizia Giraudoux.

Só que a magia do direito, e do processo penal em especial, é muito prática.

E não é por acaso que o processo penal historicamente se liga muito, no ocidente, aos processos de bruxaria.

Perante os relatos que temos desses processos, ficamos com a ideia que neles se afrontam não a racionalidade do Estado perante a corrupção de forças dissolventes e obscurantistas, mas antes se assiste ao choque titânico entre duas magias. Aos rituais macabros alegadamente praticados pelas bruxas (arrancados em confissões a tratos de polé), poderíamos facilmente contrapor esses outros rituais em que elas (e alguns "eles") são martirizadas, torturadas. E observa-se, naturalmente, que há tanto mais condenações de bruxas (com confissão) quanto mais frequente é a tortura. Um ritual mágico gera o outro ritual mágico – imaginado.

As confissões encaixam extraordinariamente bem naquilo que os inquisidores desejam que se confesse. Um imaginário tortuoso, fantástico, pervertido.

Bem andaram, porém, os juízes portugueses que poucas bruxas condenaram. E se acaso havia fumo de considerar alguém nessa categoria, muitos as qualificaram de "ilusas", iludidas, e por isso inimputáveis... ou algo de semelhante.

COMUNICAÇÃO & DIREITO

O processo é ritual e é magia. Com o seu constrangimento, não raro cria culpados, como aquele moleque moçambicano que não tendo furtado nenhum relógio, confessara tê-lo feito sob pressão dos patrões, e admoestado pela sua mentira pelo juiz, que o descobrira inocente, só para se livrar da reprimenda e de eventual punição, já se prontificava a confessar de novo o inexistente crime.

2.3.2. Do rito à narrativa. Processo penal como literatura

Essas peças processuais que, nos nossos dias, tratam os participantes pelo nome próprio (enquanto se condenam pessoas – sempre se condenaram, de várias formas – por não usarem as *bienséances* protocolares), e efabulam factos que teriam cometido, estão a magicamente a criar realidades, muitas vezes realidades paralelas:

> "Fulano, pela calada da noite, com premeditação, em associação criminosa com Beltrano e Sicrano e mais Trajano, com malvadez, violência, arrombamento e escalamento, depois de se introduzirem em propriedade alheia, e para mais terreno sagrado, apropriam-se indevidamente, e com ganas de perfídia das galinhas do senhor Prior..."

A mesma situação é contada de forma diversa noutra clave literária. Porque esta magia, precisamente, é magia literária (como muita da magia, estamos em crer):

> "Fulano, Beltrano, Sicrano e Trajano, bons amigos, sem quaisquer antecedentes criminais, de baixa extração social, todos filhos de casais problemáticos, separados, com problemas de alcoolismo, prostituição e SIDA, sem amparo social, numa sociedade egoísta que os marginalizou, em desespero de causa, numa fria noite, depois de haverem passado muita fome, viram-se obrigados a subtrair do galinheiro abastado do padre, algumas galinhas para saciarem a fome e a das suas famílias".

Evidentemente que a narrativa correcta, mais correcta, seria uma terceira, que tudo tem a ver com ritual.

Diríamos então algo assim:

"Numa aldeia perdida da região X, chamemos-lhe "Para além do Sol posto", é hábito que os rapazes, em época de afirmação da sua virilidade, se dêem a alguns rituais de passagem, quais provas cavalheirescas de antanho. Uma delas, tradicional e já consentida (ao menos tolerada com bonomia) pelo santo cura da aldeia, é, numa dada época do ano, fazer-se uma festa de mancebos à roda de fogueira nocturna, com uma ou duas galinhas que vão buscar ao galinheiro da Igreja, cuja cancela já vai sendo normalmente deixada aberta por muitos dos clérigos, ao longo dos anos, para facilitar a vida aos fingidos ladrões".

O problema ritual e mágico volve-se, assim, também, ou desagua num problema de Direito e Literatura. O processo penal é uma peça literária a várias mãos. Vai-se desenrolando em vários capítulos, cada um narrado por um diferente interveniente, com *potestas* e *auctoritas* diferente, mas sempre um co-autor. A sentença é o capítulo final do livro. Possíveis recursos e revisões de sentença são novas aventuras, ou posfácios, novos volumes. Nalguns, como nas obras rocambolescas de Ponson du Terrail, os mortos ressuscitam, ou as honras são reabilitadas.

Não se pense, nem por um instante, que se despromove o Direito comparando-o assim. Primeiro, abonemos a nosso crédito idêntica comparação do renomado, e justamente renomado, Ronald Dworkin. Depois, sublinhemos que o que está errado é o pouco crédito dado à Literatura numa sociedade barbarizada, não a aproximação do Direito das suas abordagens, dos seus desafios e das suas seduções.

3. Direito e normatividades na literatura tradicional indiana

3.1. INTRODUÇÃO

Nenhum ocidental se pode tornar indiano, nem hindu: afirmam alguns especialistas. Não sabemos se convictamente, ou apenas fazendo apelo às "novas crenças" de alguns ocidentais convertidos ou metamorfoseados, há autores da Índia que parece dizerem: talvez, numa nova encarnação, possam os ocidentais amigos das coisas indianas vir a nascer indianos. Nada mais, porém e por enquanto.

Esta asserção é confirmada pelos autores do *Dicionário do politicamente correcto*, que lida, pela sua própria natureza, com muitas modas e muitos postiços.[15]

Em *A Viagem de Théo*, "Théo" – nome escolhido a dedo, pela sua conotação divinal – Catherine Clément recorda-nos essa banalização das coisas indianas:

"Quando se sentem perdidos, os ocidentais adoram mascarar a alma: então, vêm a correr para a Índia, para locais de retiro concebidos para eles, com êxtases colectivos e devoção desenfreada, e os indianos fazem com isso bom dinheiro. São excelentes comerciantes. Até inventaram uma palavra bem divertida para esse comércio particular: "Karma-Cola".[16]

---

[15] Cf., *v.g.*, BEARD, Henri /CERF, Christopher – *Dicionário do Politicamente correto*, trad. bras. de Vra Karam e Sérgio Karam, Introdução de Moacyr Scliar, Porto Alegre, L&PM, 1994.

[16] CLÉMENT, Catherine – *Le voyage de Théo*, Paris, Seuil, 1997, trad. port. de Maria do Rosário Mendes, *A Viagem de Théo*, Porto, Asa, 1999, p. 1999.

Os casos de comércio com a piedade não são contudo privativos desta relação. Há-os de muitos matizes e por toda a parte. Com alto sentido de auto-análise, lembremos aquela estória indiana dos quatro ourives.

Quatro ourives, tinham fama de piedosos, e por isso eram muito procurados pelos devotos. Cada qual trazia sempre nos lábios o nome de uma deidade hindu, e recitavam os quatro nomes por ordem, à chegada dos clientes: *Kesava, Gopala, Hari, Hare.* Contudo, os ourives eram bengalis, e na sua língua diziam, respectiva e sucessivamente algo bem diverso das invocações divinas:

"– Quem são estes?"

– Um rebanho de vacas

– Roubo-as?

– Rouba-as, sim!".[17]

Do bengali diz Henri Michaux que tem mais canto, doçura, bonomia e suavidade, com vogais a que chama "suculentas" (ao contrário das vogais espessas de outras línguas da Índia) e em que se respira "uma espécie de incenso".[18] Impossível de imaginar uma tão mística língua...

Na nossa sociedade global de consumo, muito crêem que até a filosofia e a espiritualidade se podem consumir, e comprar.

O nosso primeiro ponto será assim balizado pela ponderação dessas impossibilidades; e mais: Pela dificuldade sequer em entender a *selva oscura* do pensamento indiano, nos seus diversos estratos e miscigenações, nas suas múltiplas ramificações e recí-

---

[17] CALLE, Ramiro – *Los Mejores Cuentos Espirituales de Oriente*, RBA Livros, 2003, trad. port. de Margarida Cardoso de Meneses, *Os Melhores Contos Espirituais do Oriente*, Lisboa, A Esfera dos Livros, 2006, p. 230. Neste livro se podem colher mais detidas versões de boa parte dos contos que aqui invocámos, de forma resumida (embora, por vezes, nos tenha aqui e ali fugido a pena para a efabulação). Também assiduamente utilzámos os livros de CARRIÈRE, Jean-Claude – *Le cercle des menteurs*, trad. port. de Telma Costa, *Tertúlia de Mentirosos. Contos Filosóficos do Mundo Inteiro*, Lisboa, Teorema, 2000; *Idem – Le rire du somnambule*, trad. port. de Serafim Ferreira, *O Riso do Sonâmbulo. Humor e Sabedoria do Mundo Inteiro*, Lisboa, Teorema, 2002. E a recolha de DAS, Manoj – *Histórias da Índia Antiga*, cit.

[18] MICHAUX, Henri – *Un barbare en Asie*, Paris, Gallimard, 1933, trad. cast. de Jorge Luis Borges, na colecção Biblioteca personal de Jorge Luis Borges, *Un Bárbaro en Ásia*, Barcelona, Orbis, 1986, pp. 24-25.

procas imbricações,[19] pela sua resultante complexidade, e pelo normal estranhamento sentido assim por um ocidental. Sedução, sem dúvida, mas sempre estranhamento. Tanto mais que, apesar de muito se dizer que o hinduísmo (expressão ocidental para designar vários fenómenos religiosos da Índia) é um monoteísmo sob forma politeísta (ou fórmulas afins), o que o ocidental mais acaba por captar é a proliferação. E para a mentalidade ocidental "a proliferação é sempre uma ameaça à ordem".[20] A ordem que o Ocidente tanto preza...

Devemos assim, desde já, esboçar uma dupla justificação: a do trabalho, e a do título.

A justificação do título é mais simples, apesar de tudo: O pensamento indiano (como aliás qualquer outro pensamento a nós exterior, e *pensamento*, em geral, para não especificar filosofias, literaturas, ou religiões[21] – mas assim dando-lhe uma enorme abrangência...) não pode ser visto por um profano, como nós, senão como algo de diferente, intrigante. Mas procurámos não alinhar num velho mito de indianismo exótico ou mitificado.[22]

"Todo o pensamento indiano é mágico", assevera o já citado ocidental "bárbaro" Henry Michaux.[23] Capaz portanto de

---

[19] Um resumo, numa edição brasileira corrente, pode colher-se na longa Introdução de TINOCO, Carlos Alberto – *As Upanishads*, São Paulo, IBRASA, 1996, máx. p. 55 ss.

[20] Jean-Jacques LECLERCLE – *Philosophy Through the Looking-Glass: Language, Nonsense and Desire (Problems of Modern European Thought)*, La Salle, Illinois, Open Court, 1985, p. 95.

[21] Sobre a síncrise entre religião e filosofia, mas implicitamente também abrangendo a literatura, em que se manifestam ambas, logo o início do clássico GLASENAPP, H. von – *Die Philosophie der Inder: Eine Einfuhring in ihre Geschichte und ihre Lehren*, Estugarda, Kroeners Taschenausgabe, nº 195, 1949, trad. fr. de A.– M. Esnoul, Prefácio de Louis Renou, *La Philosophie indienne. Initiation à son histoire et à ses doctrines*, Paris, Payot, 1951, p. 12. O grande problema, aqui, é que na Índia não parece haver conceito nem palavra realmente adequados à ocidental "Filosofia" – cf. *Ibidem*, p. 19. O Sânscrito não tem palavra para "filosofia". Cf. ELIADE, Mircea – *História das Crenças e das Ideias Religiosas*, trad. port., Porto, Rés, 1989, vol. II, p. 45.

[22] Para se aquilatar da presença de várias *Índias*, mais ou menos míticas, em Portugal: SOARES, Rogério Ehrhardt – *Sobre o Sentido da Índia Portuguesa*, Coimbra, s.e., 1967; MACHADO, Álvaro Manuel – *O Mito do Oriente na Literatura Portuguesa*, Lisboa, ICALP, 1983; SILVA, Agostinho da – *Ir à Índia sem abandonar Portugal*, Lisboa, Assírio & Alvim, 1994. Cf. ainda GOLDSTEIN, Thomas – *The Myth of the Indies and the discovery of the New World*, Coimbra, Separata do "Revista da Universidade de Coimbra", vol. XXVIII, ano 1980, pp. 427-443 (aludindo à grande confusão mito-geográfica). Também útil, embora mais lateral, HENTSCH, Thierry – *L'Orient imaginaire*, Paris, Minuit, 1988.

[23] MICHAUX, Henri – *Op. Loc. cit.*

inspirar – ou seja, de dar o mote –, fornecer a primeira linha do poema que depois teremos de glosar, já com materiais e forças nossas. Capaz assim também de desafiar – instigando ao estudo, ao cotejo, e à alternativa, intelectual e vivencial. Mas sem ilusões miméticas.

O Subtítulo antecipa, apenas, os principais pólos da nossa reflexão: o Desapego, manifesto especialmente no domínio da Propriedade e do Trabalho, mas que a todo o pensamento e acção na Índia clássica enforma; a Justiça e também a Política, e finalmente a Educação.

A justificação destas reflexões em si mesmas, é mais complexa, mas devemos falar com sinceridade, nosso único álibi ou atenuante.

Estas subjectivas notas, feitas para partilhar, ganham apenas sentido e legitimidade numa certa ideia de Universidade – infelizmente muito atacada no presente.

Temos para nós que a clausura da especialização, sem mais, é um mal. Admiramos a tentativa enciclopédica e da cultura geral contra a erudição sobre o ínfimo. Temos saudades das questões livres medievais. E dos autodidactas fulgorosos como Chesterton, capaz de ditar, de cor, um dos mais belos livros sobre Tomás de Aquino.[24] Temos saudades do Reitor português, Doutor em Engenharia, que escreveu um curso de Filosofia. Temos saudades de um saber ainda não estilhaçado em que cada um defende a sua nesga de terreno, ensimesmando-se cada vez mais numa torre de marfim.

Por isso, e porque os universitários devem correr riscos e aceitar desafios, acedi ao convite/desafio desse nómada do saber que é o nosso querido Prof. Jean Lauand, e levantei também a minha tenda do deserto do Direito, matéria árida, para a montar nas margens do rio sagrado.

Não precisamos, certamente, de pedir mil milhões de desculpas pelos erros e deformações, incompletudes e enganos em que ocorremos. É óbvia sorte de quem enverada por reflexões sobre matérias de que pouco conhece, com pouco tempo para

---

[24] Por estranho que pareça (ou talvez não) só o conseguimos ler na tradução francesa: CHESTERTON, G. K. – *Saint Thomas du Createur*, trad. fr., Niort, Antoine Barrois, 1977.

investigar e menos ainda para reunir ideias e as pôr no papel. E não pediremos, isso não, desculpa pelo atrevimento. O atrevimento, esse, foi querido, e julgamo-lo muito salutar. Não pelos resultados, que são pessoais, e modestíssimos. Mas pelo empreendimento em si.[25]

Não queremos ensinar nada a ninguém, muito menos o tema completo deste estudo: *Pensamento indiano*. Ele está delimitado por um subtítulo, que muito o modela: são apenas inspirações e desafios com que, incidentalmente, topamos no nosso caminho. E sob a mira do Desapego, da Justiça e da Educação.

Seria decerto normal, e esperável, que tomássemos como ponto de partida os grandes textos sapienciais da Índia (e são multidão) para deles, pela enésima vez, tentar extrair ensinamentos decisivos. Ou então, que nos debruçássemos sobre a obra de matutos investigadores. Ou mesmo de pensadores indianos consagrados, como Vivekananda,[26] Dayananda, Aurobindo, Tilak, Ramavatara, Sarma, Sarkar, Radhakrishnam, ou mesmo Gandhi.

Preferimos um trabalho diferente, e mais de acordo com as nossas forças. Tentámos dialogar, sobretudo (embora nunca exclusivamente) com velhas e novas estórias da Índia, aquilatando, nessa literatura mais oral, mais popular, dos traços do pensamento indiano: pois que "a sociedade hindu é proverbial".[27] Sucessivamente procuraremos tópicos essenciais desse pensamento relativos a temas fundamentais para a estruturação do nosso pensamento ocidental: propriedade, trabalho, política, justiça e, finalmente, porque a mais importante de todas, educação, que é já caminho directo para a Educação. Já diziam os gregos: *paideia telion ton nomon.*

---

[25] O qual glosa o tema de forma impressionista, subjectiva, sem qualquer pretensão de completude, e muito menos sem afectar ou pretender didactismo. Aos adeptos meramente teóricos da trans-, multi-, pluri-, inter-, etc. – disciplinaridade, que fazem normalmente recortes e justaposições de métodos, teorias, paradigmas, importados seguramente, proporemos agora que se descalcem dos seus preconceitos e entrem no templo de outros mundos, de outras racionalidades, de outras realidades, de outros campos de estudos.

[26] Personagem nos nossos dias quase deificada, e autor, entre outros, de um interessante livro, ainda agora útil: VIVEKANADA, Swami – *What Religion is*, Calcutá, Avaita Ashrama, 2004, trad. port. de Adelaide Petters Lessa, *O que é Religião*, Rio de Janeiro, Lótus do Saber, 2004.

[27] MICHAUX, Henri – *Op. cit.*, p. 40.

Este procedimento inspira-se ainda num dos métodos da própria sabedoria educativa indiana. Conta Manoj Das que Vishnu Sharma contando estórias conseguiu a formação de três feríssimos, indomáveis príncipes. Essas estórias reuniram-se no *Panchatantra* (*Cinco Erudições*), que teriam inaugurado mundialmente as compilações de fábulas, e teriam tido grande posteridade na Índia com várias outras recolhas pionerias, como o Kathasaritsagar de Somadeva, e os *Jatakas*, compilado pelos primeiros budistas.[28]

Não há educação oriental sem sabedoria, e não há sabedoria sem a parábola, o conto, a estória exemplar, a fábula... Na Índia, o dinamismo e variedade destes géneros literários é particularmente abrangente, e permitir-nos-á sucessivamente perspectivas vários aspectos da respectiva cosmovisão.

3.2. PROPRIEDADE E TRABALHO

A importância que os ocidentais dão à propriedade, à riqueza, aos bens materiais, e ao que se possui, em geral (mesmo que não sejam bens), assim como o afã que põem no labor para a aquisição, dá a primazia (no sentido da aparência, ou da ilusão – *maya*) a este tópico. Não é preciso ser-se pró-capitalista nem marxista para se compreender que a questão da propriedade, do apego às coisas, às pessoas e a si mesmo é um dos pólos essenciais da cosmovisão ocidental.

Tal não acontece, pelo contrário, com o pensamento indiano que, em geral, prega a recusa dessa ilusão do possuir. E até do possuir-se.

Claro que no Ocidente tem havido filósofos e idealistas que pregam o Ser em vez do Ter. Mas mesmo assim a ideia é mais do desprendimento dos bens materiais, e muito dificilmente do próprio "ego".

---

[28] DAS, Manoj – *Histórias da Índia Antiga*, tradução de Thalysia de Matos Peixoto Kleinert, São Paulo, Shakti, 1994 (2 vols. anunciados, mas só tivemos acesso ao 1º), p. 1-3.

Parece mais consequente (embora seja para um ocidental uma vertigem, e quiçá um exagero) a perspectiva do desapego indiano.

Algumas estórias podem ilustrar as várias facetas da relação do sujeito indiano com o ter e com o ser "dono de..."

Não se pode dizer que, do conjunto dos textos compulsados, se possa chegar a uma filosofia sistemática de altíssima coerência e univocidade. Nem neste capítulo, nem nos demais. Mas cremos que os matizes se compreendem e nos fazem entender as várias relações possíveis com o ter e o possuir.

Uma ideia de base é a de renúncia.

Num conto popular, um eremita, retirado do mundo, vivendo "espartanamente". Regressado ao seu refúgio, e vendo que um ladrão o assaltara entretanto, e estava a transportar os seus parquíssimos haveres, ajuda-o a carregar o fruto da rapina. Perguntado por este se era outro ladrão, responde-lhe que é o dono, o proprietário, mas deseja-lhe felicidades. O que deixa o larápio atónito, mesmo considerando que também ele era indiano. De algum modo, este estava a aliviá-lo das últimas amarras que o ligavam aos bens materiais...

Esta perspectiva é de altíssimo desprendimento, para além da ironia da situação.

Também com significativa carga irónica, que chega a doer, é a estória daquele casal de peregrinos renunciantes que parecem entre si disputar o máximo da ascese e do desprendimento.

Como no caminho houvesse encontrado um diamante, o marido, zeloso, para que a mulher não fosse tentada, procura afastá-lo da vista dela. Ao que esta (que afinal bem vira o diamante desde o princípio), numa reviravolta comum em estórias de falso ascetismo (normalmente com outro tipo de tentações), o acusa de ainda estar muito verde na elevação, pois ainda distinguia a pedra preciosa de simples lixo ou pó.

Também se conta que Govinda, lendo perto de uma torrente, foi presenteado por um discípulo com duas esplêndidas pulseiras de ouro marchetadas de belíssimas gemas. Mirando uma delas, o sábio *sikh* deixou-a cair (de propósito ou inadvertidamente) no turbilhão das águas. De pronto o discípulo se atira à água para a localizar. Haviam passado muitas horas e, vendo a sua procura baldada, regressa o discípulo, pedindo ao mestre que ao menos lhe indique para que lugar ela teria caído. Govinda indica-lhe o lugar: atira a segunda pulseira ao remoinho, dizendo:

"– Foi ali que caiu".

Não podemos deixar de recordar que na *Utopia* de Tomás Moro o oiro era considerado metal impuro ou (melhor que isso): banal, e pronto para grilhetas e insígnias para os condenados, e às pérolas e pedras preciosas não dão mais valor que a berlindes.[29] Tal é a vontade de quem procura um mundo não argentarista (pela religião, ou pela utopia) de fazer esquecer os tiques proprietaristas ligados a certos símbolos minerais...

Em geral, a própria riqueza é condenada nestas estórias. Os ricos não têm boa fama.

Numa delas, um guru é posto perante uma charada arquitectada pelos discípulos: qual seria a coisa mais perigosa: um bêbado, um cão raivoso, um papagaio, ou um homem rico. Não se vê a conexão entre as entidades convocadas (e irreprimivelmente lembramo-nos do prefácio de Foucault de *As palavras e as coisas*[30]), mas o mestre não hesita sequer: o rico é o pior. Quer tudo comprar e vergar com o seu dinheiro. A única escapatória é manter a distância face aos ricos.

Numa outra narrativa – pelo contrário mostrando o exemplo da solidariedade, da partilha, da complementaridade e da cooperação –, o inferno é comparado aos homens soberbos que morrem à fome por terem colheres demasiado grandes e o céu é o lugar em que com as mesmas colheres enormes os homens dão de comer uns aos outros...

Mas não se deixa de pôr a ridículo o político muito reformador que prega (qual São Martinho, o que partilhou a capa com o pobre) que de tudo se dê metade, mas que, instado por um espontâneo sabido da assistência sobre o futuro a dar a pelo menos um dos seus dois burros, logo protestou ser essa *uma outra história*... Caso parecido ao daquele guru que, confrontado com a sua vida nada exemplar, rematou:

---

[29] MORO, Tomas – *Utopia*, trad. port. de José Marinho, Lisboa, Guimarães, 1972, pp. 97-98, 100.

[30] FOUCAULT, Michel – *Les mots et les choses*, Paris, Gallimard, 1966.

"– Eu predico, não pratico".

Desistir da disputa ou da posse por bens parece ser a grande solução para a paz e para a própria vida.

A fábula é convocada a intervir neste debate. Uma gralha voava regalada com uma presa no bico. Imediatamente cobiçada por outras, não conseguiu despistá-las; e temendo já por si, tomou fôlego, abriu as asas, adiantou-se nos ares, e deixou cair a caça, com altivez. Também foi metaforicamente que se elevou.

As demais, cá em baixo, despedaçaram-se imediatamente em luta pelo pedaço de carne, que acabou não sendo para ninguém.

No Ocidente, há uma estória semelhante, mas a gralha levava um queijo.

Como recordamos as nossas lições de direitos reais, a teoria do pisca-pisca, e a maçã do tailandês[31]... Como tanto na vida é luta do próximo pelo que é nosso... E como o que é nosso o pode já deixar de ser pela força do próximo.

De partilha de maçãs se trata numa querela entre dois camponeses. Não chegam a acordo sobre a propriedade dos pomos que, de uma árvore com raízes no terreno de um, contudo caíram na propriedade do outro. Apelam para um brâmane sábio, que lhes pergunta:

"– Quereis um julgamento segundo os homens ou segundo Deus?"

Queriam a partilha segundo Deus.

– Estais certos de que não reclamareis? – volve o sábio.

Estavam certíssimos."

Então, ele faz dois lotes: num, está apenas uma maçã. Noutro, todas as demais. E à sorte, absolutamente à sorte, atribui um lote a um e outro a outro.

O *suum cuique* dos Homens não é o dos deuses. Insondáveis os seus desígnios, e por isso falamos em sorte. Para designar muitas vezes o que não entendemos.

---

[31] CARVALHO, Orlando de – *Direito das Coisas*, Coimbra, policóp., s/d.

As disputas pela propriedade são a tal ponto o paradigma das querelas, que uma outra narrativa parece parodiar essa nossa afeição tão extremada pelo ter.

Dois ioguins amigos de há muito caminhavam já na senda da renúncia. Mas parece que tiveram saudades das decerto amigáveis disputas que teriam tido outrora. Um propôs que discutissem, pois de há muito que o não faziam.

O outro assentiu.

Ora de que se foi lembrar o ioguim a quem fazia falta a contenda? Precisamente que, por brincadeira e fingimento embora, disputassem pela propriedade.

Como nada mais de imediatamente exterior tivesse à mão, propôs que discutissem a propriedade de uma malga de arroz. E começou por afirmar a tese:

"– Esta malga é minha!"

O outro ainda replicou:

"– Não, é minha".

Mas, decerto desconsolado por a disputa lhe não dar mais prazer, no estádio mais adiantado em que se encontrava, logo se dispôs a concordar:

"– Tens razão, amigo, é mesmo tua".

As querelas precisam do alimento da teimosia e do condimento da voracidade e da insaciabilidade.

Até Brama manifesta a alguma avidez, embora de acordo com a natureza: Tendo sido procurado por um cabrito, que se lhe queixava que todos o queriam comer, confessa-lhe que mal o vê e já lhe cresce a água na boca...

Contudo, dir-se-ia que, tal como nas diferentes morais segundo as diversas castas, o pensamento indiano não é alheio aos negócios do mundo, e ao mesmo tempo que prega altíssimos ideais de desprendimento, também, noutras ocasiões, ensina lições muito pragmáticas para a vida de todos os dias daqueles que se não retiraram nem renunciaram ao mundo.

Vai ser precisamente um retirado do século quem vai dar a solução a uma angústia bem monetária de quem emprestou uma moeda de prata a um forasteiro sem garantia, documento ou testemunha. E que se pré-ocupa com a possibilidade deste não vir a pagar. Onde o homem do mundo fora imprudente e ingénuo, vai o asceta ser ladino.

Depois de se haver lamentado junto dos amigos sem sucesso, recorre o preocupado ao *sannyasin*, que imediatamente lhe dá a solução: ele que peça, tomando aqueles amigos como testemunhas, a restituição das dez moedas de prata.

"– Não eram dez, mas uma" – retorquiu o honesto emprestador.

– Pois. Será isso que ele dirá, na presença de testemunhas – tranquilizou-o o sábio".

Tudo ponderado, não há como – para a maioria dos mortais, parece – uma *aurea mediocritas*, nem se sendo muito rico nem muito pobre.

Um mestre diz explicitamente a um discípulo confuso: deve-se evitar tanto a pobreza como a riqueza. Uma decerto pode aviltar, a outra sem dúvida atormenta, aflige, obceca. E, da nossa banda ocidental, lembramos Rousseau sobre o ser rico e o ser pobre... ser comprador ou ser comprado...

Por isso, não adianta alguém se matar a trabalhar, porque a serenidade, a paz e a felicidade se alcançam agora, em cada momento, e não podem diferir-se para quando formos ricos, ou o trabalho terminar. Mesmo na pior desgraça, como no conto do infeliz a ponto de cair num fosso que relata o *Mahabhârata*, ele estende o dedo para colher mel. É a nossa condição no mundo: condenados a uma morte cuja data desconhecemos, ainda assim saboreamos o mel da vida. E assim deve ser.

Uma estória de dois amigos, um trabalhador insano e outro calmo fruidor da hora. Corrobora-o. Admoestado pelo laborador, que exorta o amigo a trabalhar mais para depois poder gozar os frutos na paz, o tranquilo responde-lhe o óbvio:

"– Mas eu já tenho a paz..."

COMUNICAÇÃO & DIREITO

Idêntica lição se retira daquela história do homem de negócios muito ocupado que vai procurar um mestre, pedindo-lhe conselho. E sendo este o de começar a ir pensando na sua espiritualidade, pois já não é jovem, o outro concorda, mas adianta-lhe que está muito, muito ocupado. Ao que o sábio dispara:

"– Bravo! Quando morreres, de ti dirão:

– Excelente homem que se ocupou ao máximo de coisas inúteis".

Belo balanço de vida.

Coisa muito diferente é a que ocorre com aquele ancião analfabeto que demanda permissão de entrar num mosteiro, aparentemente sem aptidões. Por caridade, dão-lhe uma vassoura. E durante anos, perseverando, varre, varre, varre... limpando a alma das impurezas, exercitando a humildade, e a atenção. E atingindo, por esse labor que é ritual e mantra, a iluminação. Coisa bem diversa. Mesmo o *ora et labora* hodierno parece trepidante, não humilde, não amoroso. E por isso não orante, mas só laborador.

E depois, nem mesmo o que tem, de tudo, no mundo, o maior valor, o ser humano, nem mesmo esse vê reconhecida a sua preeminência. Quando o discípulo pergunta ao mestre o valor de um ser humano, o sábio põe-o à prova. Envia-o com um diamante a sucessivas lojas, com instruções de que avaliem a preciosidade, mas a recomendação estrita de que jamais o venda. Os resultados são os mais díspares para a jóia, como o seriam para o Homem, jóia das jóias. O valor do Homem é incalculável. E, como se vê, valor e preços não têm nada em comum.

Das mais belas estórias indianas sobre o valor da interioridade, e de ao menos alguma renúncia, é aquela em que um rei muito dadivoso, cansado de ser esmoler, resolve aplicar-se a encontrar o mais pobre dos seus súbditos. Minorar a má sorte dele, isso sim, seria certo.

Como lhe tivessem indicado como o mais pobre de todos um mendigo que vivia na floresta, o rei voou a cavalo para exercer a sua demiurgia. Como o diabo a Jesus,[32] "tentou" o monarca

---

[32] Mt. IV, 9; Lc. IV, 7.

ao indigente com vários bens materiais: roupas, casas, comidas... Mas o mendigo não respondia.

Por fim, explicou-se:

"– Não sou eu, mas outro, o mais pobre do reino. A mim é dado o poder de transformar a terra em oiro".

Atónito, mas crente na gravidade do ancião, o rei instou-o a que lhe indicasse esse homem, e, já agora, solicitou-lhe a revelação do segredo.

Para saber de uma e outra coisa, deveria, porém, o rei dedicar-se a uma certa "disciplina", que logo aceitou exercer, tal o prémio. Assim, deveria o rei, sem faltar nenhum dia, e por um ano completo, comparecer à presença do poderoso indigente, antes do sol nascer e antes do sol-pôr.

E assim, dia após dia, semana após semana, o rei, meditando com o guru, sem muitas palavras, mas na libertação da floresta, longe dos enganos da corte, compreendeu que o maior pobre do seu reino era ele próprio, e que o espectáculo gratuito e diário do nascer e do pôr-do-sol era mais belo e mais doirado que o dom de Midas.

Mas a renúncia das renúncias, a mais profunda, a mais significativa, a mais custosa, é, evidentemente, a renúncia ao *ego*. Quando um jovem renunciador recorre a seu sábio pai, confessando-se sem paz, apesar de a tudo (de externo) ter renunciado, acusa a falta da última renúncia. O pai chega mesmo a fazer um matiz na renúncia material: não se trata tanto de renunciar às coisas absolutamente, mas de conseguir não ser possuído pelas coisas. Não ser escravo das coisas. Em contrapartida, o mais importante é alijar o peso do orgulho, do ódio, da opinião... Só com esta última renúncia se encontrará a tranquilidade.

Muitas vezes o orgulho ensandece os renunciadores, os iniciados, alguns mesmo que se cuidam sábios. Duas estórias com rios podem ser postas em paralelo: a daquele camponês que, sem o saber, ganha o concurso de natação enquanto os melhores nadadores do reino desistem ou perecem, porque na verdade tinha caído ao rio, e apenas se deixara levar, sem opor resistência ao caudal; e aquela outra em que um discípulo, cheio de si, tendo um dia caminhado sobre as águas dizendo o nome do seu Mestre, no dia seguinte se julgou auto-sufuciente, e, bradando apenas "Eu! Eu!", tenta repetir a proeza. Afogou-se, naturalmente.

3.3. POLÍTICA E JUSTIÇA

Os múltiplos sucessos e fases históricas da Índia política e jurídica não se compadecem com o carácter e a extensão desta reflexão. Em todo o caso, afigura-se-nos muito significativo o facto de que na Índia, mesmo muito antiga, de que vamos tendo mais notícia, é um momento originário da maior transcendência a invasão indo-europeia, e a imposição eficaz, desde então, de um bastante puro e reconhecível sistema de trifuncionalidade,[33] com as manifestações conhecidas noutros lugares, da religião à política, mas que na Índia chega mesmo à estratificação social por castas (que têm uma ancestral ligação rácica – casta ou *varma* significa "cor"),[34] que, apesar de proibidas hoje, ainda se fazem sentir, sobretudo nos lugares menos modernizados e mais conservadores. O natural sincretismo religioso, político e outros, que viriam a estabelecer-se não contrariam a "pureza" da presença de alguns elementos indo-europeus. Mas há disputas sobre esta presença em alguns textos.[35]

Não é este o lugar também para expor ou teorizar a trifuncionalidade indo-europeia,[36] e a importância que ela tem para a

---

[33] A qual, apesar de algumas posições mais matizadas, aparenta *prima facie* estar patente na trindade central de divindades a que os indianos chamam *trimúrti*: Brama, o criador; Vixnu (com seus dez avatares, como Rama, Krishna e Buda...), o preservador ou conservador; Xiva, Shiva (ou Mahexa ou Maadeva), o destruidor ou renovador (na verdade uma divindade complexa, e, tal como Khali, muitas vezes mal interpretada: cf., por todos, o belo livro de LAKKANA – *Les jeux de 'Siva*, Paris, Éditions Alternatives, 1997). Mas para além destas há muitos milhares de divindades, como se sabe.

[34] Como se pode ler no *Rig-Veda*, por exemplo, no mito da origem das castas a partir de partes do corpo do deus Puruxa.

[35] Cf., *v.g.*, ELIADE, Mircea – *História das Crenças e das Ideias Religiosas*, trad. port., Porto, Rés, 1989, vol. II, p. 200 (e notas respectivas).

[36] Para uma muito breve síntese, cf. a obra póstuma de DUMÉZIL, Georges – *Mythes et Dieux des Indo-Européens*, textos reunidos e apresentados por Hervé Coutau-Bégarie, Paris, Flammarion, 1992 e o clássico BENVENISTE, Emile – *Le vocabulaire des institutions indo-européennes*, Paris, Minuit, 1969, 2 vols. Para uma geral identificação cultural / civilizacional, LAZZERONI, Romano – *La Cultura Indoeuropea*, Roma / Bari, Laterza, 1998, trad. port. de Isabel Teresa Santos, *A Cultura Indo-Europeia*, Lisboa, Es-

explicação das relações entre direito e política,[37] antes do processo de *ius redigere in artem* ou *Isolierung*,[38] que apenas se produziu no Ocidente, e especificamente em Roma, embora sob a influência filosófica grega. Tem, contudo, de ponderar-se, com Varma, reflectindo a propósito do Renascimento e da Modernidade:

> "If one were to go to the root of the problem, one has to find out as to what was the reason that only in the context to the Judeo-Christian and Greek traditions could modernity develop (...) perhaps, we may arrive at the conclusion that there were more common elements between ancient Greece and Modern Europe than ancient India and ancient Greece or between ancient Rome and ancient China".[39]

Seja como for, o sistema de castas é um dos elementos determinantes e característicos – ainda que as religiões derivadas do hinduísmo, primeiro (e desde logo o Budismo) e depois a lei moderna, tenham tentado proclamar a igualdade. As castas, as vacas e o karma são considerados, talvez com alguma ligeireza, mas não sem impressividade, os três pontos em comum na multiplicidade de crenças que o hinduísmo comporta, segundo autores modernos.[40] Num tal sistema, dois elementos têm dimensão jurídico-política: o karma, que pode ser encarado como uma justiça

---

tampa, 1999. Uma mais antiga investigação: JHERING, Rudolf von – *Les Indo-Européens avant l'Histoire*, op. post., trad. de O. de Meulenaere, Paris, A. Maresq, 1995. Mais recentemente, *v.g.*, MALLORY, J.P. – *In Search of the Indo-Europeans. Language, Archaelogy and Myth*, reimpr., Londres, Thames & Hudson, 2003 (ed. orig. 1989). Cf. ainda CUNHA, Paulo Ferreira da – *Repensar a Política. Ciência & Ideologia*, Coimbra, Almedina, 2005, p. 57 ss.

[37] Mais desenvolvimentos sobre o pensamento político indiano na clássica tese, actualizada e aumentada, de VARMA, Dr. Vishwanath Prasal – *Studies in Hindu Political Thought and its Metaphysical Foundations*, 3ª ed., Delhi / Varanasi / Patna, 1974. Sínteses sobre o Direito hindu, em português, in GILISSEN, John – *Introduction historique au droit*, Bruxelas, Bruyant, 1979, trad. de A. M. Hespanha e L. M. Macaísta Malheiros, *Introdução histórica ao Direito*, ed. port., Lisboa, Fundação Calouste Gulbenkian, 1988, p. 101 ss. Para além de obras mais clássicas, de autores como Colebrook, Henry Maine, e do seu celebre *Ancient Law*, Jolly e Georg Buhler.

[38] Cf., *v.g.*, THOMAS, Yan – *Mommsen et 'l'Isolierung' du Droit (Rome, l'Allemagne et l'État)*, Paris, Diffusion de Boccard, 1984.

[39] VARMA, Dr. Vishwanath Prasal – *Studies in Hindu Political Thought and its Metaphysical Foundations*, cit., p. 415.

[40] GAARDEN, Jostein / HELLERN, Victor / NOTAKER, Henry – *Religionsboka*, trad. port. a partir da inglesa, por Isa Mara Lando, *O Livro das Religiões*, São Paulo, Companhia das Letras, 2005, p. 45 ss.

imanente, quer permanente e imediata, quer diferida para uma nova encarnação, e as castas, que bloqueiam a mobilidade social e assim colidem com alguns dos principais valores professados nos Estados de direito democráticos: sendo factor inigualitário e manietador da liberdade, além de injusto. Reconhecendo-se, porém, como é óbvio, (como reconheceu em sede geral Maurice Duverger quanto à ambivalência de toda a política[41]), que também possa haver benefícios. Desde logo sedutores, num mundo, como o nosso, de arrivismos e novos-riquismos, pode tornar-se interessante concebermos a utopia viva de uma sociedade em que cada um é educado para um lugar, e está nele. Sedução vã. Temos certamente que suportar e combater os arrivistas, os *serial killers* sociais, de faca nos dentes e na liga a tentar subir a todo o custo e sem qualquer ética, porque a prisão a um *status* é contrária à liberdade e à própria dignidade do Homem.

É interessante que as estórias políticas e jurídicas que encontrámos, na Índia, não se referem muito às castas. Suspendemos o juízo sobre qual a razão de tal facto, que bem pode ser meramente fortuito. Será que é assunto tabu? Será que os ocidentais que fazem colectâneas não acham a questão importante? Ou a dão por adquirida? Ou serão os indianos que o fazem, não a discutindo?

Já vimos que há uma cosmovisão de solidariedade ou de humanidade[42] e que o sentido prático e arguto[43] do indiano comum não se deixa seduzir por políticos que pregam a partilha mas querem manter os seus dois burros.

A mesma argúcia se verifica nas relações entre quem sabe e quem pode. Muitas das estórias indianas relativas ao poder se referem a reis mais ou menos tirânicos que põem à prova súbditos comuns, e mais frequentemente ascetas, sábios, adivinhos, ou conselheiros. Não recordamos uma única em que, verdadeiramente, o poder simples (*potestas*) tenha levado a melhor sobre o saber (que implica uma certa *auctoritas*). Reflexo da prevalência de casta dos brâmanes sobre os guerreiros, origem dos reis?

---

[41] DUVERGER, Maurice – *Introduction à la politique*, Paris, Gallimard, 1963, trad. port. de Mário Delgado, *Introdução à Política*, ed. esp., Lisboa, Estúdios Cor, 1977.

[42] No mesmo sentido, VARMA, Dr. Vishwanath Prasal – *Studies in Hindu Political Thought and its Metaphysical Foundations*, p. 420.

[43] Cf. *Ibidem*, p. 411.

Numa das estórias, o monarca tenta um eremita até o extremo, perguntando-lhe qual seria o mais poderoso – o rei ou Deus. Sem pestanejar, o santo homem retorquiu que seria o primeiro, para grande espanto e cólera do mesmo, que o obrigou, de pronto, a uma cabal justificação. Ela veio subtil e inatacável, irónica até nas suas implicações lógicas:

> "– Pode mais o rei, porque do seu reino pode exilar quem lhe apraz. Já não Deus, que não tem lugar para onde fazê-lo...".

Idêntica subtileza será a de um conselheiro ao ver que o rei, dementado pela negligência de um falcoeiro, que tinha deixado fugir um dos seus falcões preferidos, o condenara à morte. Virando-se para o pobre condenado na presença do seu senhor, verbera-o em termos incisivos:

> "– Deves ser condenado à morte, porque, além da tua falta horrenda, e do mais, serás responsável pelas calúnias que, entre o povo e em reinos estrangeiros, poderão vir a lançar contra o nosso amado soberano: desde logo, essa de que preferiu a recordação de um animal à vida de um ser humano".

Entendendo a lição, o rei anulou a sentença que sumariamente houvera expedido.

Estes diálogos são sedutores, dão a imagem de uma sociedade em que não só os animais falavam, mas, apesar das castas, pelo menos a um certo nível, ainda havia contacto directo entre as pessoas. Os detentores do poder eram directamente apostrofados. Os suplicantes ou requerentes não eram ainda enredados numa maranha babélica de burocracias e intermediários...

Um diálogo num banquete entre um irado primeiro-ministro e um eremita (em ambiente muçulmano, nos parece já) terá sido, sem dúvida, efabulação ficcional. Mas hoje estaria desprovido de toda a verosimilhança.

Andrajoso, chega o eremita ao banquete, muito provavelmente sem ter sido convidado, e escolhe o lugar de honra, antes mesmo de o rei estar presente. Em pânico, e indignado, o primeiro-ministro vai inquirindo da qualidade do eremita, subindo de degrau em degrau, até chegar a Deus, pois sempre ele lhe diz que é superior a todos.

E o intruso, sem sequer hesitar, lhe diz ser superior a Deus.

Convicto da sua fé, o governante fulmina-o:

"– Ninguém é superior a Deus".

Ao que o outro, muito calmo, concorda:

"– Aí tens. Eu sou Ninguém."

Lição também de humildade, com caminhos ínvios.

Até os ladrões podem dar lições aos reis. E na Índia os reis sabiam disso.

Certo monarca do Sul, justo e com vontade de aperfeiçoar ainda mais o seu sistema de Justiça, convoca um conhecido ladrão para que lhe ensine a arte de roubar, para assim, melhor prevenir os roubos.

O larápio protesta a sua honestidade com veemência, e aproveita para subtrair um belo anel que o rei trazia. Descoberta a falta, é atirado para as masmorras, sob protestos indignados de inocência. Como crime de lesa-majestade, a pena seria a empalação, no dia imediato.

Justo que era, o rei não conseguiu essa noite conciliar o sono. A ocultas, penetra na cela do condenado, e sem a menor possibilidade que ele suspeitasse da sua presença, surpreende-o choroso e proclamando a sua pureza, clamando auxílio divino para a emenda da injustiça de que estava a ser vítima.

Vendo isto, o rei manda que o soltem.

No dia seguinte, homem livre, indo à presença do trono, por um passe de magia faz o especialista em furtos aparecer o desaparecido anel.

O rei, confundido, indaga das razões daquela atitude.

Ao que o ladrão, muito senhor de si, e um tanto divertido, lhe recorda o pedido real:

"– Não querias que te ensinasse a arte de roubar? Pois tiveste já as primeiras duas lições: Primeira, o ladrão deve sempre afirmar-se recto, respeitador da lei e da ordem. Segunda, mesmo no mais extremo transe não confessará jamais o crime, e sempre protestará a sua inocência. Vamos à terceira lição?".

Uma outra ideia persistente nesta cosmovisão é a da fatuidade do mundo e suas pompas. Pelo que esta inversão de posições tem um efeito de choque e redenção.

Tem-se como princípio, para o poder e todo o aparato, que "a solenidade é o símbolo dos medíocres"[44]: um sacerdote escandaliza-se por ver numa casa uma estatueta de um deus ser alimentada como as crianças. Leva-a para um templo. Mas é o próprio deus que o critica, pois se sentia muito bem naquela casa. Bem melhor que no templo.

Tendo-se ausentado da sua modesta cabana por trinta anos, mas consentido que nela ficasse seu discípulo, Chelababa, o guru está de volta. Ninguém o reconhece e já não reconhece o local. Em torno do eremitério, uma feira quinzenal de gatos. Porquê? Naquelas paragens, a meditação tem de fazer-se com um gato amarrado a um pilar: tal teria sido o "seu" ensinamento. Visitando o seu discípulo, tudo se faz claro: o pobre ingénuo, vendo que em tempos ele tivera um gato, e o prendera a um pilar (apenas para ficar sossegado), concluíra tolamente que o requisito prévio da meditação seria ter um gato, amarrado a um pilar. Apesar de não saber interpretar os sinais, Chelababa era sincero. E quando pediu para partir com o mestre, este assentiu, com uma condição: a de revelar aos crentes que a era da meditação com gato, e amarrado, tinha passado. Doravante bastava o Homem só consigo mesmo.

Na mesma linha, está a desconfiança nas instituições, que pervertem frequentemente a verdade: Um mestre diabo inspeccionava a Terra na companhia de um acólito. Tudo em boa ordem de corrupção, podridão, vício, guerra... Até que o novato chama a atenção do sénior para uma bolsa, uma nesga, um oásis de Verdade no Mundo, propondo-lhe rápida intervenção.

Sem se alterar, o velho diabo responde-lhe, sabedor:

---

[44] CALLE, Ramiro – *Los Mejores Cuentos Espirituales de Oriente*, cit., p. 63.

"– Uma verdade? Fica tranquilo. Logo virão institucionalizá-la."

Noutra estória, depois de muitas canseiras, um príncipe, numa demanda cujo prémio é a mão da sua amada, alcança pela primeira vez a Verdade. Ela é uma velha e horrenda mulher, que lhe pede que a relate ao Mundo como uma jovem bela Mulher.

O poder é muitas vezes néscio e despótico, subvertendo as instituições a verdade, e evidentemente a Justiça deixa muito a desejar. Desde logo, as leis são em grande medida impotentes para o que mais importa. Nem mesmo aquele rei que ameaçava com o cadafalso a quem mentisse. Pois logo um eremita confundiu o seu capitão, quando lhe inquiriu simplesmente aonde ia.

"– A caminho da forca" – bradou o velho.

Confusão total no executor: pois se ele falava verdade, não o poderia enforcar; e se mentia, também não…

A concepção da liberdade é, como podemos calcular, mais individual, ou melhor, menos política. É de uma libertação pessoal (mas não egoísta ou egocêntrica) que se trata. Parecia clamar por libertação o papagaio que na gaiola doirada bradava:

"– Liberdade, liberdade, liberdade".

Farto ou condoído, o dono abre-lhe a porta. Pois vai o louro sair? Nada disso. Mais se aperra às grades da sua prisão, e grita ainda mais forte:

"– Liberdade, liberdade, liberdade".

Moral da estória ambígua. Mas de entre várias, poderemos pensar na interpretação do mau uso da liberdade. Liberdade que temos, mas não exercemos, e que é a pior das servidões. Do mesmo modo que aquele homem que, sem nenhuma causa visível, acordara algemado pela manhã. Correndo a um ferreiro, este sem dificuldade o libertou das cadeias. Porém, grato, submisso, fiel, o ex-algemado passou a ser tão obsequioso com o seu libertador, tão solícito, tão apegado, que logo este dele se aproveitou e a breve trecho já todos o tinham por seu servo, usado nas tarefas mais baixas e pesadas da forja.

Conta-se também a mudança de atitude (ou aparente mudança) de um sábio muito independente que prezava tanto a sua liberdade ao ponto de não venerar nenhum mestre, de não pertencer a nenhuma escola, de não acreditar em nenhum deus. Anos passados, vão encontrá-lo servindo um eremita, dando-lhe massagens e alimentando-lhe o cachimbo...

Indagam-no então sobre a sua mudança para atitude tão servil.

"– Servilismo nenhum. Sou agora mais livre. Como ele não precisa do que lhe faço, e não mo pede nem exige, eu faço-o por mim. Não por ele. Se mo pedisse ou exigisse é que seria servidão".

Apesar desta explicação um tanto meandrosa (e também *et pour cause* talvez) parece-nos é que a tendência para a "servidão voluntária" se revela muito grande em pelo menos algumas pessoas, que assim se despersonalizam. Enquanto, pelo contrário, o próprio do homem não é explorar ou aviltar os demais, nem rebaixar-se a si, mas ser livre, em todas as circunstâncias, mesmo as mais difíceis e constrangedoras da vida.

E neste mesmo sentido tem toda a razão o preso que, dia após dia, largava gargalhadas sonoras, ante a perplexidade do carcereiro, que não se contém e pergunta:

"– Não entendo de que te ris".

"– É que daqui, das minhas grades, vejo que, lá fora, os estultos presos cuidam que sou eu o preso".

Tal pode ser o poder da vera liberdade de espírito. Sem que a liberdade *tout court* possa, contudo, deixar de ser prezada – quer parecer-nos...

É assim que a prisão se pode prolongar no ódio, no rancor, na memória mórbida – qualquer prisão que é qualquer má lembrança. Um pequeno conto nos narra como isso pode suceder.

Dois amigos foram feitos prisioneiros de guerra e estiveram encarcerados por dois anos. Libertados, reencontraram-se dez anos depois. Como um deles tenha tocado no assunto, o outro confessou-lhe que não tinha passado dia nenhum em que não tivesse odiado os seus carcereiros e algozes. O outro, porém, contou-lhe que procedera ao contrário:

"– Eu, no dia em que saí da prisão, esqueci tudo. Passei dois anos preso. Tu, pelo que vejo, estás preso há doze, e ainda não te libertaste".

Pergunta, angustiado, o neófito ao mestre quando saberá se alcançou a suprema liberdade interior. Compassivo, o velho responde:

"– Se lá chegares, essa será a tua última pergunta".

Depois da Liberdade, uma nota só sobre a igualdade. E no ponto actualíssimo e sensível da igualdade de género. Longe tal igualdade, lá como cá. Mas uma ironia fina contra o preconceito se pode ver neste conto:

Um peregrino habitual de lugares santos é um dia questionado sobre a sua mulher. Responde com sobranceria que ficara em casa. Tratando de coisas banais, sem importância: como dos filhos sua criação e educação, da casa e suas reparações e manutenção, das roupas, dos alimentos, dos campos, e de sua própria sogra e até de parentes precisados. Ele, pelo contrário, ficava com a tarefa importante: meditar sobre a existência de Deus.

Ambivalente lição, apesar de tudo. Como recordaria a estória bíblica de Marta e Maria.[45] Mas, apesar de tudo...

No Ocidente, pelo contrário, a estória popular mais próxima tem já a ver com a decisão. À mulher incumbiriam decisões consideradas triviais: o que comer, como educar os filhos, onde passar férias, etc. Ao homem incumbiriam tarefas realmente importantes: ler o jornal e decidir em quem votar.

Passando mais especificamente ao terreno jurídico, é no âmbito judiciário e processual e penal que, como seria de esperar (os contos não são tratados nem polémicas doutrinais), nos surgem mais estórias.

Há uma grande humanidade na consideração destas facetas da vida. Já vimos o retirado proprietário que ajuda o seu ladrão. Esta consciência da ligação de todos a todos e uma visão não completamente estigmatizadora dos infractores pode surpreen-

---

[45] Lc. X, 38-42.

der-se noutros contos. Porque, no fundo, o outro também é/sou eu... Ou com o outro se pode aprender.

Tendo presenciado por acaso um assalto perfeito, em precisão, em minúcia, ilumina-se a mente do buscador. Abeira-se do assaltante, e faz-lhe uma proposta inusitada: ele seria seu mestre, de atenção; e o aprendiz de sábio seu professor de ética. Há por vezes parecerias destas que resultam, se ambos ensinarem e aprenderem estritamente o que devem.

Julgamos poder entrever uma geral crítica à injustiça no Direito, que nem sempre respeita o *Dharma*.

Mas não significa todo o arsenal ético e altas nuvens de meditação o desconhecimento de que de algumas habilidades ou subtilezas se tem por vezes de deitar mão para escrever direito, por linhas tortas. Como na relatada estória do credor de uma e não de dez moedas. E não deixa de ser interessante notar que a alta ética e psicologia ficam em sintonia com a técnica jurídica mais precisa, por vezes.

É o que ocorre quando o *sage*, atacado, não se sente tocado pela injúria, que não recebe. Ora há assim crimes construídos dogmaticamente fazendo depender do sujeito passivo a perfeição do tipo legal: não há veras ameaças sem medo, não há injúria sem um sentimento como que de indignação por parte do lesado. Quem não se sente, não é, em certos casos, vítima de dados crimes, que exigem esse requisito, além da factualidade típica comissiva.

Mas a visão abrangente, que leva a compassividade, parece imperar. Com uma aguda percepção do drama da Justiça.

Perante a ameaça da punição, o vidente profetiza desgraças para si: é um pungente conto em que se patenteia a fragilidade ante os poderosos, e a psicologia do condenado, até só do acusado. Como seria bom que quem julga fizesse o exercício de se colocar na pele do outro...

Mas isso precisamente será o que um bom juiz fará – para espanto de todos. Ao contrário do dito terrível do Cardeal Richelieu, para o qual "não pode haver inocentes onde quer que haja culpados", sentença infelizmente por vezes muito real em ambientes de corrupção generalizada, este juiz vai dando razão a uma parte, depois a outra, e até ao escrivão, que o criticou por tanto irenismo. Era um juiz-ioguim. Ele sabia que a verdade, mesmo a jurídica, é mais abrangente. Como nessa estátua simbólica da Justiça na Lilliput d'*As Viagens de Gulliver*, que em vez de venda tinha vários olhos bem abertos a toda a volta da cabeça, para denotar uma visão plural, de todos os diferentes pontos de vista...

Julgam os juízes ou reis-juízes das estórias indianas por vezes de forma surpreendente. No caso da jovem de Madanpour, entre um marido permissivo, um amante medroso e um ladrão misericordioso, o rei Birbal opta pelo ladrão. Mas não julga a jovem esposa.

E contudo os juízes têm de decidir. O *non liquet* está proibido modernamente. Mas será juiz e condenador quem julga que o é, por instituição?

Um intrigante conto parece afirmar o contrário. O seguidor do Vedanta acreditava na unidade do Ser. Mas nem por isso vivia ensimesmado no seu êxtase. Abertamente criticava o despotismo do monarca reinante. Sentenciado à morte, com a cabeça no cepo já, continuava a ostentar um sorriso doce e compassivo.

Nada podia irritar e intrigar mais o carrasco, que o inquiriu sobre aqueles preparos.

Ao que, coerentemente, volveu o sábio:

"– Eu mesmo sou o carrasco, e a mim mesmo me condeno".

E a cabeça rolou, eternizando o sorriso e a sentença.

Lição também ambígua. Uma clave pessimista e derrotada interpretaria (cremos que mal) que a condenação a assinara o sábio ao ser contestatário do poder. E que o fosse? Muitos sabem que o que fazem lhes valerá a perdição terrena, e irresistivelmente o fazem. As palavras de Lutero, descontextualizadas embora, parecem simbolizar essa irresistível força que impele certas pessoas para determinadas acções, apesar delas mesmas: "*Hier stehe Ich. Ich kann nicht anderes*".

O formalismo jurídico é severamente criticado. A forma mais destruidora de criticar algo é meter esse algo a ridículo. A ridículo ficam os médicos legistas, um notário e o sistema em geral numa estória em que um dado por morto, apesar de se levantar do esquife, vivíssimo já, por razões de haver sido passado o equivalente da certidão de óbito, deveria ser considerado morto, e posto à morte mesmo. O notário viu papéis e testemunhas que atestaram que o agora vivo estivera "morto". Então, logicamente, acendeu-se fogo à pira, e ele ardeu... vivo.

Depois do picaresco desta estória, tão diversa da ataraxia ou da boa moral correntes nos contos indianos, já não poderá chocar tanto a mudança de papéis entre os "agentes da justiça", agora latissimamente entendidos.

Como um ladrão assolasse um certo território com sua rapina, pôs-se concurso para polícia. Apareceu, foi provido no cargo, e mostrou-se do maior zelo e competência, um único candidato: o próprio ladrão. A etnometodologia e o interacionismo simbólico explicariam quiçá o fenómeno.[46] Não haverá ladrões que queriam ser polícias, e, esperamos que não vice-versa? Há um filme da série *Twilight Zone* (traduzida em Portugal por "Quinta Dimensão") em que sucessivos avatares da mesma personagem surgem no mesmo cenário de um tribunal – ela vai passando pelos vários papéis.

Como se sabe, essas encenações práticas provam que as máscaras se colam aos rostos dos experimentadores. E a melhor forma de evitar que fiquem cristalizados em papéis estereotipados (na ficção, experimental ou não, como na realidade) é fazê-los mudar de posição.

Também em Portugal muitos dos incendiários queriam ser bombeiros, e na guerra da Bósnia, ao que parece, alguns comandantes houveram sido contrabandistas...

Quase mudando de posição, passando de polícias a defensores de um ladrão que nem conhecem, aparecem-nos os representantes da Lei numa estória em que um queixoso, depois de tão criticado por incúria dos seus bens numa esquadra ou delegacia, acaba por lhes volver:

---

[46] Cf., por todos, sobre as várias correntes sociológicas, entre as quais a etnometodologia, o inspirador livro de PODGÓRECKI, Adam / LOS, Maria – *Sociologia Multidimensional*, ed. portug., Porto, Rés, 1984, máx. p. 117 ss. No domínio especificamente criminológico, não deixando, obviamente, de se referir a estas matérias (e em especial ao interaccionismo), o clássico em Portugal é DIAS, Jorge de Figueiredo / ANDRADE, Manuel da Costa – *Criminologia. O Homem Delinquente e a Sociedade Criminógena*, Coimbra Editora, 1984 (há novas edições), máx. p. 342 ss.

"– Mas alguma culpa há-de ter tido o ladrão!"

Nalgum ponto há-de parar a culpa (aqui, quando muito negligência – mas nem isso) do lesado...

Muitas são as estórias meio cómicas com a justiça, talvez porque devamos rir para não chorar ou desesperar. Mas há-as também noutras claves. Há grandiosidade na discussão da Justiça num relato do *Mahabhârata*, em que não podemos deixar de pensar num *Mercador de Veneza* shakespeareano ao invés.

Nele, um rei justíssimo é posto à prova por um falcão e um pombo.

Aparentemente acossado, o pombo poisa na perna do rei e pede-lhe protecção. Prontamente concedida. Logo vem o falcão que reclama alimento em nome da natureza das coisas. Que invoca todos os argumentos, ponderosos, para se alimentar a si e aos seus com o que a natureza lhe confiou como comida. *Suum cuique tribuere.*

O rei tenta, por seu turno, todas as formas de persuasão, prometendo dar ao falcão fosse o que fosse, para poder, por si, honrar a sua palavra, e proteger um ser em perigo.

Uma única coisa, qual Shylok, aceita o falcão: um pedaço de carne do rei do peso do pombo. Prontamente acede o monarca, que vai colocando na balança sucessivos pedaços de carne que a si mesmo vai cortando.

Já esqueleto, ensanguentado, e como jamais nenhuma porção de carne sua iguale o peso do pombo, o falcão mando-o parar e explica-lhe que foi tudo apenas um teste. E os dois pássaros largam juntos.

Intrigante é o processo que as Trevas movem à Luz, acusada de cada vez mais avançar sobre os domínios penumbrosos. Esperam os juízes. Espera o Tribunal. À revelia da autora, o processo é decidido em favor da ré. Porque faltaram as Trevas? É que estavam à porta, medrosas do que inevitavelmente sucederia na acareação: a Luz sempre confunde e dissipa as Trevas.

Inspiradora parábola para juristas, que dela tanto precisam...

3.4. EDUCAÇÃO

Mais importante que tudo é a Educação. Dela tudo depende. E por isso ficou para o fim. A catástrofe ameaça seriamente as nossas sociedades ocidentais, que deixaram a educação na mão dos burocratas e dos nefelibatas, numa palavra, dos "eduqueses", e não curam de se defender das suas utopias distópicas.

O modelo educativo ocidental nunca foi semelhante ao oriental. Contudo, antes da universidade de massas, e da universidade de consumo, que se lhe seguiu, e que é a que temos, ainda havia uma réstia de humanidade, de relação entre os poderes universitários, os professores e os estudantes: entre todos os três. Hoje, a Universidade caminha a passos largos para a sua descaracterização.

O que caracteriza mais a universidade de consumo é a submissão dos poderes internos aos externos (aos governos e ao poder económico), a sedução pela moda, a burocracia crescente chegando à militarização, o culto do mediático, a proletarização (salarial e na consideração e estatuto funcional) de todos os professores, a confusão e até subversão da hierarquia, a pedagogia laxista, o sem-sentido, afinal, da Universidade. Já são traços de suficiente desgraça.

Contudo, na América Latina a Universidade poderá renascer, porque não perdeu o seu *élan*. Tal como para a América de língua castelhana, sublinhou o filósofo do Direito espanhol José Calvo González, também nós temos jubilosamente apercebido que é aqui, *ultra extra* se diria, que está a possibilidade de florescer a Universidade do futuro, *nova et vetera*. Se resistir às seduções exteriores, às modas, às importações descaracterizadoras...

Não sendo o modelo oriental o modelo absoluto de educação, contudo, neste momento de grandes balanços, deveríamos meditá-lo mais. Até para compreender que ele tem com o velho modelo universitário medieval europeu afinidades que significam apenas uma coisa: a universalidade de algumas estruturas ou padrões básicos ou elementares do ensino de nível superior.

E desde logo está o discipulato. Nunca uma universidade transformada em "caserna" ou "colégio de dentro" poderá ter verdadeiro discipulato, por muitos *tutoriais* que artificialmente se introduzam. A relação entre mestre e discípulo é única, insubstituível, e não passa por mensalidades a pagar nas secretarias universitárias (a que nós, em Portugal, chamamos "propinas"), ou em caixa automático (que em Portugal chamamos "multibanco").

Passemos então a algumas lições desse mundo com outra calma, outra respiração, e quiçá outro proveito.[47]

A primeira das estórias desperta-nos para o problema de encontrar um verdadeiro discípulo, como para o de reconhecer um vero mestre.

Um dia, encontraram-se um ancião e um jovem, vindo um de Norte e outro de Sul. Fizeram parte do caminho juntos. Até que o primeiro perguntou ao segundo para onde se dirigia, afinal. Este respondeu-lhe enfática e sinceramente que procurava a luz da sua vida: um verdadeiro mestre.

Passados uns dias, o velho despede-se do rapaz. Este, surpreendido por se separarem, pergunta-lhe então onde se dirige. E a resposta já se adivinha:

"– Vou à procura de um verdadeiro discípulo. É raro que alguém saiba reconhecer um verdadeiro mestre".

Há, mesmo no Ocidente, teorias desencontradas sobre quem deve reconhecer ou escolher – se o Mestre ao discípulo, se este àquele.[48] Provavelmente é um mecanismo de aproximação mútua. Mas pode ser que tenha de haver um momento decisivo, de desvendamento e declaração.

Claro que um Mestre nada tem a ver com os falsos mestres. E há-os de muitos matizes e categorias.

Há os que se vangloriam ou apontam permanentemente o dedo aos demais, culpando-os, como no conto dos quatro monges que, tendo feito voto de silêncio, na verdade sucessivamente falam – para se acusarem.

Há aqueles a quem um mestre com muito acerto chama "lavadeiras". Porque lavam, batem, esfregam, encharcam as roupas

---

[47] Muitas lições de educação já podem ser tiradas de anteriores estórias, como é óbvio.

[48] Alguns contributos relevantes são os da escola da "Filosofia portuguesa", que se baseia também, no discipulato. Cf., por todos, BOTELHO, Afonso – *Três Mestres do Conhecimento*, Lisboa, Instituto de Filosofia Luso-Brasileira, 1993.

de outros, ideias de outros, e nada de seu têm. Quando entregam a roupa aos clientes, ficam com a paga, mas sem o material em que se afanam.

Há os nefelibatas, que vão para um congresso sobre a mente, e falam muito em estar atento, mas nem dão pelo acidente que têm, no caminho. Os que precisam de ser acordados por uma bofetada, porque nenhuma teoria os deixa despertos. Porque a bofetada, afinal, é o que lhes falta: experiência. E quando alguém recebe uma bofetada deixa de pregar o relativismo e o niilismo... e avança para quem lha dá, com ganas de retribuir.

Há os imitadores, que perguntados sobre o que é a Realidade, copiam apenas, mimeticamente, o gesto do Mestre, apontando o céu com o dedo indicador. Coisa semelhante é o do ensinamento, passado de mestre a discípulo, de que a vida é, por exemplo... "uma fonte de água quente", como relata um conto de uma demanda, meio humorístico.

Há os que cuidadosamente velam, e por acaso de geração em geração, um santuário erguido a um burro (que fortuitamente lhes morreu pelo caminho), explorando a crendice alheia...que toma o lugar por santificado.

Há os que são armazéns de conhecimento: como a chávena de chá cheia em que se continua a verter chá, ou como aquele postulante a quem é pedido que volte a procurar o mestre um ano depois. Porquê, se o Mestre apreciara o seu saber? Não precisamente isso. Não apreciara, apenas ele respondera acertadamente às questões: e vendo-se que sabia muito, precisaria de um ano ao menos, para esquecer... E finalmente poder aprender.

Outro neófito impaciente deixa fugir um ratinho de uma caixa que deveria levar de um mestre a outro:

"– Incapaz de tomar conta de um ratinho – diz-lhe o receptor frustrado – , como poderias receber a devida instrução?"

Toda a pressa é rejeitada. Sobretudo a pressa dos que rapidamente, queimando etapas, querem afectar conhecimento e ser chamados Mestres. Vaidade das vaidades...

O caminho do saber é estreito, custoso, longo, e cheio de armadilhas. E em geral não é o Mestre que "ensina". É o discípulo que tem de aprender, e à sua custa. Muitas vezes dolorosamente.

COMUNICAÇÃO & DIREITO

"– Quantas folhas tem aquela árvore? – pergunta o discípulo ao guru.

Sem pestanejar, e muito naturalmente, volve-lhe o mestre:
– Oitenta mil seiscentas e quarenta e seis."

Atónito com tamanha segurança, o jovem pede a confirmação, que lhe responde, com um encolher de ombros:

"– Olha, se não acreditas, sobre à árvore e conta-as uma a uma."

E esta é das estórias mais benévolas. Como é diferente a pedagogia que ensina que só se sabe com esforço da pretensa didáctica da "papinha feita e mastigada" pelo professor ocidental moderno, que faz tanto jus à etimologia da palavra "pedagogo": afinal um escravo.

Recordemos a sorte do discípulo imitador: o seu dedo espetado ao alto será cortado pelo Mestre. O domador de leões tem que ser como um deles – conta-se num outro relato. Tem de se viver para aprender.

É preciso um longo treino, de atenção sobretudo. Como no conto do preso que, sendo transferido de uma cadeia para outra, foi obrigado a transportar uma taça de azeite à cabeça, e se a virasse, logo um carrasco, munido de portentoso machado de fio cintilante, lhe cortaria o pescoço. Passando pela rua um bando de folgazãs bailarinas estava a ponto de se desconcentrar. Mas a sua cabeça valia mais, e continuou em frente, sem derramar uma gota.[49] "A atenção é a atenção", diz um mestre – o que é grande definição.

É preciso saber ver. Ver apenas, às vezes ver o óbvio. Como a função da vela que um ioguim colocava junto de uma candeia, à noite, quando estudava os textos sagrados. Servia apenas para que com a vela se entretivessem os mosquitos, deixando-o sossegado a ler à luz da candeia...

O ver às vezes é ver de ritual, ou de símbolo. Vendo uma pequena coisa, vê-se tudo o resto, ou atinge-se o essencial. Um

---

[49] Cf. uma variante in CARRIÈRE, Jean-Claude – *Tertúlia de Mentirosos. Contos Filosóficos do Mundo Inteiro*, cit., p. 137 ss.

discípulo diz que do mestre precisa apenas de ver como apertava as sandálias.

A conduta do que sabe é modesta, e indiferente ao mundo. E muito mais às suas fúteis gloríolas. Um mestre aconselha o discípulo a ser como um morto, absolutamente inerte e indiferente, quer a insultos, quer a elogios. Buda afirma que o mundo discreteia com ele, mas ele não discute com o mundo.

Este desprendimento é aquilo a que outro sábio acaba por considerar doença saudável. Mas vários contos admoestam contra os exageros do falso ascetismo. Que tanto é falso por ser hipócrita, como no caso de ser real, mas exagerado.

Um asceta recebeu acolhimento na propriedade de uma anciã, e nos limites das suas propriedades vivia, em ermitério, ao que parece santamente. Um dia, recebendo ela a visita de uma moça bela e de mente clara, convida-a a aproximar-se do eremita, que, como é hábito, quase sem excepção em contos com esta estrutura (indianos[50] ou não), a repele. Perante a insensibilidade confessada do monge (que se diz árvore seca e rocha fria), escandalizada, a dona do local expulsa-o.

Uma estória envolvendo Buda é mais clara, sem ambiguidades.

Passeando com seus discípulos por caminho pedregoso, Buda indaga por que estão tintas de sangue as pedras. Dizem-lhe que é sangue de um monge, Sona, que fora exímio músico de alaúde na corte, e tudo deixara para se purificar. Mas – explicam-lhe ainda – como é incapaz de progredir tão depressa quanto gostaria, castiga o corpo andando propositadamente descalço sobre as pedras.

Mandando-o chamar, é com o equilíbrio musical que Buda lhe prega uma parábola. Pergunta-lhe se o alaúde soava bem com as cordas lassas. Não soava. E com elas retesadas? Também não. Então, conclui Buda:

"– Assim a vida: sem exagero na lassidão nem no aperto".

A metáfora ou imagem da corda, agora no arco e flecha, é a que preferimos de toda esta sapiência, e com ela encerramos.

---

[50] Um dos contos mais canónicos é o da sedução de Marici. Cf. *Ibidem*, p. 182 ss., muito longa para o nosso espaço.

COMUNICAÇÃO & DIREITO

O melhor arqueiro do reino ensinou a sua arte diligentemente ao Príncipe. Não tem, em teoria, excessiva ciência. A isto se resume: esticar a corda, e soltar. Esticar e soltar...

A última lição do arqueiro, quando o Príncipe é já um excelente atirador, e com os olhos fechados, é mais complexa. Da prática do tiro ao alvo, passar para uma mais prática ainda mais concreta, e mais arriscada: manejar arco e flecha da vida. Viver harmonicamente não é senão isso mesmo: esticar e relaxar, tomar e desprender, deter e abandonar. Em equilíbrio, e conforme os casos e as ocasiões.

Bibliografia citada

BEARD, Henri; CERF, Christopher. *Dicionário do Politicamente correto*, trad. bras. de Vra Karam e Sérgio Karam, Introdução de Moacyr Scliar. Porto Alegre: L&PM, 1994.

BENVENISTE, Emile. *Le Vocabulaire des institutions indo-européennes*, Paris: Minuit, 1969, 2 vols.

BOTELHO, Afonso. *Três Mestres do Conhecimento*, Lisboa: Instituto de Filosofia Luso-Brasileira, 1993.

CALLE, Ramiro. *Los Mejores Cuentos Espirituales de Oriente*, RBA Livros, 2003, trad. port. de Margarida Cardoso de Meneses, *Os Melhores Contos Espirituais do Oriente*, Lisboa: A Esfera dos Livros, 2006.

CARRIÈRE, Jean-Claude. *Le cercle des menteurs*, trad. port. de Telma Costa, *Tertúlia de Mentirosos. Contos Filosóficos do Mundo Inteiro*, Lisboa: Teorema, 2000

CARRIÈRE, Jean-Claude. *Le rire du somnambule*, trad. port. de Serafim Ferreira, *O Riso do Sonâmbulo. Humor e Sabedoria do Mundo Inteiro*, Lisboa: Teorema, 2002.

CARVALHO, Orlando de. *Direito das Coisas*, Coimbra, policóp., s/d.

CAUQUELIN, Anne. *L'Art contemporain*, 3ª ed., Paris, P.U.F., 1994.

CHESTERTON, G. K. *Saint Thomas du Createur*, trad. fr., Niort: Antoine Barrois, 1977.

CLÉMENT, Catherine. *Le voyage de Théo*, Paris, Seuil, 1997, trad. port. de Maria do Rosário Mendes, *A Viagem de Théo*, Porto: Asa, 1999, p. 1999.

DAS, Manoj. *Histórias da Índia Antiga*, tradução de Thalysia de Matos Peixoto Kleinert, São Paulo: Shakti, 1994.

DIAS, Jorge de Figueiredo; ANDRADE, Manuel da Costa. *Criminologia. O Homem Delinquente e a Sociedade Criminógena*, Coimbra: Coimbra Editora, 1984 (há novas edições).

DUMÉZIL, Georges. *Mythes et Dieux des Indo-Européens*, textos reunidos e apresentados por Hervé Coutau-Bégarie, Paris: Flammarion, 1992.

DUVERGER, Maurice. *Introduction à la politique*, Paris, Gallimard, 1963, trad. port. de Mário Delgado, *Introdução à Política*, ed. esp., Lisboa: Estúdios Cor, 1977

ELIADE, Mircea. *História das Crenças e das Ideias Religiosas*, trad. port., Porto: Rés, 1989.

FERREIRA DA CUNHA, Paulo. *Direito Constitucional Aplicado. Viver a Constituição, a Cidadania e os Direitos Humanos*, Lisboa: Quid Juris, 2007.

FERREIRA DA CUNHA, Paulo Ferreira da. *Droit Pénal, Droit de Mort*, in "Constats et prospectives / RICPDP", nº 3-4, Paris, 1992-1993, refundido in *Arqueologias Jurídicas*, Porto: Lello, 1996

FIGUEIREDO DIAS, Jorge de. *Direito Processual Penal*, I, Coimbra: Coimbra Editora, 1974.

FERREIRA DA CUNHA, Paulo. *Repensar a Política. Ciência & Ideologia*, 2ª ed., Coimbra: Almedina 2007.

FINLEY, M. I. *The World of Odysseus*, New York, The Viking Press, trad. port. de Armando Cerqueira, *O Mundo de Ulisses*, Lisboa, Presença: Martins Fontes, 1972.

FOUCAULT, Michel. *A Verdade e as formas jurídicas*, trad. port. de Roberto Cabral de Melo Machado e Eduardo Jardim Moraes, 3ª ed., 2ª reimp., Rio de Janeiro: P.U.C. Rio, Departamento de Letras / Nau Editora, 2005.

FOUCAULT, Michel – *Les mots et les choses*, Paris: Gallimard, 1966.

GAARDEN, Jostein; HELLERN, Victor; NOTAKER, Henry. *Religionsboka*, trad. port. a partir da inglesa, por Isa Mara Lando, *O Livro das Religiões*, São Paulo: Companhia das Letras, 2005.

GILISSEN, John. *Introduction historique au droit*, Bruxelas, Bruyant, 1979, trad. de A. M. Hespanha e L. M. Macaísta Malheiros, *Introdução histórica ao Direito*, ed. port., Lisboa: Fundação Calouste Gulbenkian, 1988.

GLASENAPP, H. von. *Die Philosophie der Inder: Eine Einfuhring in ihre Geschichte und ihre Lehren*, Estugarda, Kroeners Taschenausgabe, nº 195, 1949, trad. fr. de A.– M. Esnoul, Prefácio de Louis Renou, *La Philosophie indienne. Initiation à son histoire et à ses doctrines*, Paris: Payot, 1951.

GOLDSTEIN, Thomas. *The Myth of the Indies and the discovery of the New World*, Coimbra, Separata da "Revista da Universidade de Coimbra", vol. XXVIII, ano 1980.

HAVEL, Vaclav. *Avons-nous besoin d'un nouveau mythe?*, in "Esprit", nº 108, nov. 1985.

HENTSCH, Thierry. *L'Orient imaginaire*, Paris: Minuit, 1988.

JHERING, Rudolf von. *Les Indo-Européens avant l'Histoire*, op. post., trad. de O. de Meulenaere, Paris: A. Maresq, 1995

LAKKANA. *Les jeux de ´Siva*, Paris: Éditions Alternatives, 1997.

LAZZERONI, Romano. *La Cultura Indoeuropea*, Roma / Bari: Laterza, 1998, trad. port. de Isabel Teresa Santos, *A Cultura Indo-Europeia*, Lisboa, Estampa, 1999.

LECLERCLE, Jean-Jacques. *Philosophy Through the Looking-Glass: Language, Nonsense and Desire (Problems of Modern European Thought)*, La Salle: Illinois, Open Court, 1985.

MACHADO, Álvaro Manuel. *O Mito do Oriente na Literatura Portuguesa*, Lisboa: ICALP, 1983.

MALATO BORRALHO, Maria Luísa. *Ter Espírito ou A Espiritualidade do último cortesão*, in "Revista da Faculdade de Letras. Línguas e Literaturas", número temático sobre "Espiritualidade e Corte em Portugal, sécs. XVI-XVIII", Porto: Universidade do Porto, 1993, p. 217 ss.

MALLORY, J. P. In Search of the Indo-Europeans. Language, Archaelogy and Myth, reimpr., Londres: Thames & Hudson, 2003 (ed. orig. 1989).

MICHAUX, Henri. *Un barbare en Asie*, Paris: Gallimard, 1933, trad. cast. de Jorge Luis Borges, na colecção Biblioteca personal de Jorge Luis Borges, Un Bárbaro en Ásia, Barcelona, Orbis, 1986.

MORO, Tomas. *Utopia*, trad. port. de José Marinho, Lisboa: Guimarães, 1972.

PASCAL. Pensées, 104 (369), in *Oeuvres complètes*, texto fixado por Jacques Chevalier, Paris: Gallimard, "La Pléiade", 1954.

PODGÓRECKI, Adam; LOS, Maria. *Sociologia Multidimensional*, ed. portug., Porto: Rés, 1984.

PUY, Francisco. *Tópica Juridica*, Santiago de Compostela: I. Paredes, 1984

SILVA, Agostinho da. *Ir à Índia sem abandonar Portugal*, Lisboa: Assírio & Alvim, 1994.

SOARES, Rogério Ehrhardt. *Sobre o Sentido da Índia Portuguesa*, Coimbra: s.e., 1967.

TEIXEIRA, António Braz. *Sentido e Valor do Direito. Introdução à Filosofia Jurídica*, 3ª ed., Lisboa: Imprensa Nacional-Casa da Moeda, 2006.

THOMAS, Yan. *Mommsen et 'l'Isolierung' du Droit* (Rome, l'Allemagne et l'État), Paris: Diffusion de Boccard, 1984.

TINOCO, Carlos Alberto. *As Upanishads*, São Paulo: IBRASA, 1996.

VARMA, Dr. Vishwanath Prasal. *Studies in Hindu Political Thought and its Metaphysical Foundations*, 3ª ed., Delhi / Varanasi / Patna, 1974.

VIVEKANADA, Swami. *What Religion is*, Calcutá: Avaita Ashrama, 2004, trad. port. de Adelaide Petters Lessa, O que é Religião, Rio de Janeiro: Lótus do Saber, 2004.

Impressão:
Evangraf
Rua Waldomiro Schapke, 77 - P. Alegre, RS
Fone: (51) 3336.2466 - Fax: (51) 3336.0422
E-mail: evangraf.adm@terra.com.br